BARRY LONG

SELBSTERKENNTNIS

Ein Begleiter durch das Unerforschte

Originaltitel

KNOWING YOURSELF
The true in the false

SICH SELBST ERKENNEN bedeutet in der Lage zu sein, im eigenen Innern das Wahre und Echte vom Falschen zu unterscheiden – Liebe von Emotion, Freude von Sentimentalität, Wille vom Verlangen.

Erscheint Ihnen Ihr Leben irgendwie mechanisch? Sind Sie auf der Suche nach etwas Größerem, etwas, das über Ihr kleines, begrenztes Leben hinausreicht? Ist das, was Sie als wahr akzeptiert haben, wirklich die Wahrheit?

Dieses Buch ist wie ein Fenster. Zuerst bekommen Sie sich selbst nur durch die falsche Spiegelung des Glases zu sehen, dann schauen Sie geradewegs voll hinein, und schließlich sehen Sie hindurch und erkennen die dahinterliegende reine Wirklichkeit.

Barry Long

wurde im Jahre 1926 in Australien geboren. Für ihn begann der Prozeß der Selbsterkenntnis im Alter von 31 Jahren und setzte sich über mehrere Jahre fort. Im Jahre 1965 erlebte er einen „mystischen Tod" und drei Jahre später eine transzendente Verwirklichung, die in ihm zur völligen Aufgabe alles Unechten führte.

Dieses Buch enthält eine Sammlung jener Beobachtungen, die er unmittelbar nach diesen kritischen Phasen der Selbsterkenntnis niederschrieb. Es ist das „keimhafte" Werk eines Mannes, der heute als spiritueller Meister und als einer der bedeutendsten zeitgenössischen spirituellen Lehrer der westlichen Welt gilt.

Die Deutsche Bibliothek – CIP-Einheitsaufnahme

Long, Barry:
Selbsterkenntnis : ein Begleiter durch das Unerforschte / Barry Long.
[Übers.: Christine Bendner. Bearb.: Stephan Strieck].
- Orig.-Ausg., dt. Ausg., - 1. Aufl. - Bielefeld : Bodewig & Kamphausen GbR, 1998
Einheitssacht.: Knowing Yourself <dt.>
ISBN 3-926257-37-7

1.Auflage, 1998, 1. – 2. Tsd.

Postfach 100850
33508 Bielefeld
Tel 0521 / 67179, Fax 0521 / 68771

Enquiries about Barry Long's work may be addressed to The Barry Long Foundation
PO Box 574, Mullumbimby, New South Wales, Australia

Umschlaggestaltung (übernommen von der englischen Ausgabe): Rene Graphics
Foto: Courtesy of Gem Studies Laboratory
Foto von B. Long: Ambyr Johnston
Übersetzung: Christine Bendner
Bearbeitung: Stephan Strieck
Lektorat: H. J. Zander
Layout/Satz: Klei-Design
Druck: Kösel, Kempten

ISBN 3-926257-37-7

B A R R Y   L O N G

SELBSTERKENNTNIS

Ein Begleiter durch das Unerforschte

Vorwort

Dieses Buch handelt von Ihnen, und alles darin ist wahr. Es enthält keine Theorien und keine Argumente. Aber Sie sollten mir nicht glauben, denn ich könnte ja ein Lügner oder ein Narr sein.

Kein Mensch kann einen anderen Selbsterkenntnis lehren. Er kann ihn oder sie höchstens auf den Weg zur Selbstendeckung führen – zur Quelle der Wahrheit. Auf Ihrer Suche nach Wahrheit dürfen Sie niemandem glauben, Sie müssen die Wahrheit selbst herausfinden. Doch auch wenn Sie Ihren Weg alleine gehen müssen, es kommt immer dann Hilfe, wenn Sie sie wirklich brauchen.

Sie sind entweder bereit, sich selbst zu erforschen – oder Sie sind es nicht. Bereit sein bedeutet, daß Sie wissentlich oder unwissentlich bereits begonnen haben, sich in Selbstbeobachtung zu üben.

Dieses Buch läßt Sie Energie erfahren. Es ist kein Buch über Selbsterkenntnis: es zu lesen bedeutet bereits, sich selbst zu erkennen. Wenn Sie bereit sind, wird es Sie beunruhigen. Sie werden sich hochgestimmt, aufgewühlt, verwirrt, unsicher, gereizt, ablehnend, feindselig oder sogar körperlich unruhig fühlen. Das sind normale Reaktionen verschiedener Persönlichkeitsstrukturen auf jene Energie, die während des Prozesses der Selbsterkenntnis freigesetzt wird.

Wenn Sie nach Beendigung der Lektüre das Gefühl haben, in der Luft zu hängen und sich fragen, um was es eigentlich geht oder was Sie als nächstes tun sollten, um sich selbst besser zu kennen, sollten Sie das Buch noch einmal lesen, und noch einmalund noch einmal, und allmählich – oder blitzartig – werden Sie die Antwort finden.

Auf dem Weg der Selbsterkenntnis sammeln Sie kein Wissen an – Sie verlieren es. Viele Ihrer festgefügten Überzeugungen fliegen zum Fenster hinaus. Sie werden sich vielleicht nackt, verletzlich, bedroht, streitlustig oder wütend fühlen. Doch wenn Sie wirklich nach der Wahrheit und nicht nach persönlicher Rechtfertigung suchen , werden Sie entdecken, daß Sie zu der gleichen Quelle der Wahrheit Zugang haben wie die weisesten Lehrer, die je auf dieser Erde lebten.

Die Wahrheit ist immer die Wahrheit des Augenblicks, nicht die Wahrheit des Menschen. Und wenn ich „Mensch" sage, bezieht das alle von uns ein – Männer, Frauen, Kinder.

Es ist eine wenig bekannte Tatsache, daß Wahrheit nicht im Gedächtnis gespeichert werden kann. Sie muß jetzt, von Augenblick zu Augenblick, entdeckt werden. Sie ist immer frisch und neu, immer präsent für den stillen, unschuldigen Geist, der das Leben erfährt, ohne an Vergangenem festhalten zu müssen.

Über diese Ausgabe

Frühere Ausgaben enthielten nur das Material der ersten siebzehn Unterkapitel. Ich schrieb es im Jahre 1965 nach meiner ersten bedeutsamen spirituellen Verwirklichung nieder. Drei Jahre später begann eine zweite Phase der Realisation. In dieser Zeit schrieb ich ein weiteres Manuskript. Die vorliegende Ausgabe basiert auf den beiden überarbeiteten und neu zusammengestellten Originalmanuskripten.

Das Buch enthält jetzt fünf „Stufen", von denen jede wiederum sechs kurze Unterkapitel enthält. Jedes dieser Kapitel führt Sie dazu, sich selbst aus einer anderen Perspektive zu betrachten.

Nehmen Sie das Gesagte beim Lesen auf, aber versuchen Sie nicht, daran festzuhalten oder darüber nachzudenken. Bleiben Sie beim Lesen im Augenblick – dann wird jede „Stufe" Sie der vollkommenen Selbsterkenntnis näherbringen.

KAPITEL 1

SICH SELBST ERKENNEN heißt, die eigene Göttlichkeit zu erfahren und jederzeit Zugang zur Wahrheit dieser überwältigenden Erfahrung zu haben.

Sie schenkt uns die absolute Gewißheit, daß wir für jeden Augenblick unseres Lebens verantwortlich sind; daß hinter allem, was geschieht, dem Guten, dem Schlechten und dem Unwesentlichen unser eigener Wille steht.

Dieses allumfassende Wissen schließt auch die absolute Gewißheit sei es gut, schlecht oder unwesentlich unserer Unsterblichkeit ein, was uns allerdings nicht daran hindern darf, uns gleichzeitig für unsere unmittelbare Umgebung und schließlich für das gesamte Universum verantwortlich zu fühlen – auch für das Chaos, das Leid und die Kriege dieser Erde.

Was ich gerade beschreibe ist keine intellektuelle Fiktion, sondern eine lebendige Erfahrung – realer und intensiver als die Erfahrung des Lebendigseins.

Aber Sie sollen glauben. Sie müssen all das selbst erkennen und erfahren, denn Erfahrung übersteigt alle Worte und alles Denken. Aber es ist wichtig, daß Sie diese Erfahrung machen, ohne sich in Drogen oder Wahnsinn zu flüchten.

Und dann müssen Sie Ihr Wissen leben, Ihr Wissen sein, *denn die Wahrheit gehört allen Menschen – nicht Ihnen allein.*

Der Roboter-Verstand

Das erste Hindernis auf dem Weg zur Selbsterkenntnis ist die Tatsache, daß der Mensch wie eine Maschine denkt: Wir sind für oder gegen etwas oder schalten ab, sind nicht interessiert. Niemand will zuhören, jeder will reden.

Wir sind eine Welt von roboterhaften Denkern – programmiert von roboterhaften Eltern, roboterhaften Lehrern und einer roboterhaften Gesellschaft. Wir wissen nur wenig mehr als das, was uns jemand anderer beigebracht oder gesagt hat. Das kleine bißchen, was wir zu wissen glauben, käuen wir mit einer Monotonie wieder, die uns zum Fernsehen, zur Rockmusik oder zum Alkohol treibt, um unserer eigenen himmelschreienden Mittelmäßigkeit zu entfliehen.

Jede neue Generation scheint das zu spüren und versucht zu rebellieren. Doch um diese roboterhafte Welt zu verändern, müssen wir zuerst die roboterhaften Muster unseres eigenen ererbten Denkens ändern. Ohne diese grundlegende Veränderung bedeutet jede Revolution, den Teufel mit dem Beelzebub auszutreiben, und das ist genau das, was der Mensch seit Tausenden von Jahren getan hat. Die jungen Rebellen strecken schon bald reumütig ihre Handgelenke hin, um sich an den Rest der mechanisch dahinschlurfenden Masse ketten zu lassen.

Um dauerhaft anders, aber trotzdem weder ein Außenseiter noch ein Exzentriker zu sein, muß man zunächst verstehen, was geändert werden muß. Um nichts anderes geht es auf dem Weg der Selbsterkenntnis.

Der Roboter in unserem Innern ist ganz offensichtlich unser Feind. Er ist der Grund für die meisten Sorgen, das Leid und das Unglück im Leben eines jeden Menschen. Er ist es, den wir verstehen müssen, indem wir bewußt werden – indem wir unseren eigenen Verstand in Aktion beobachten.

Die Menschen sind während des größten Teils ihres Lebens unbewußt. Nur selten sehen sie sich, wie sie wirklich sind – außer vielleicht durch Zufall. Dann aber rennen sie normalerweise entsetzt vor sich selbst davon. Sie schlafen von der Geburt bis zum Tod, gefangen im Netz jenes roboterhaften Denkens, das sie für ihr Selbst halten.

Sie müssen das nicht glauben. Zu glauben, was ein anderer über Sie sagt, ist bereits unbewußtes, roboterhaftes Denken. Auf dem Weg der Selbsterforschung ist nichts wahr, es sei denn, man hat es selbst erfahren. Das ist der einzige Schutz gegen die roboterhaften Ebenen des Verstandes.

Die Wahrheit bedarf keiner Argumente, Übereinkünfte, Theorien oder Glaubenssysteme. Es gibt nur einen Test für die Wahrheit, und der besteht darin, sich zu fragen: „Ist diese Aussage gemäß meiner eigenen Erfahrung nach richtig oder falsch?"

Die Fähigkeit, zwischen richtig und falsch zu unterscheiden, hängt vom Maß Ihres Selbstverstehens ab, das wiederum davon abhängt, wie lange und wie oft Sie sich Ihrer selbst gewahr bleiben können. Jede Quelle, die behauptet, Ihnen Wahrheit oder Weisheit zu vermitteln, muß auf diese Weise geprüft werden. Wahrheit kann nicht gelehrt werden, wird aber schnell von demjenigen erkannt, der bereit ist, sie zu entdecken.

Es gibt zwei Arten des Wissens. Bei der einen handelt es sich um weltliches Wissen, also Wissen über Dinge außerhalb Ihrer selbst – all das, was Sie in der Schule gelernt haben, wie man ein Auto fährt, Ihre Arbeit, alle Handlungen, die die Welt und Ihr tägliches Leben ausmachen. Diese praktische Seite des Lebens bringt verschiedene Grade des Erfolgs, Wohlstand und Prestige mit sich. Sie erzeugt Schlauheit, Geschäftstüchtigkeit, viele Worte und gute Ratschläge, aber sie kann niemals echte Weisheit hervorbringen.

Die andere Art des Wissens ist das Wissen über sich selbst - über Beziehungen, über Angst und Verlangen und all die anderen Emotionen, aus denen sich das Selbst in uns zusammensetzt. Unser Roboter-Verstand bringt es fertig, diese beiden Welten zu einem erstaunlich überzeugenden Durcheinander zu vermischen, das den Menschen nirgendwo hinführt.

Selbsterkenntnis enthüllt ziemlich überraschende Tatsachen. Wenn Sie denen ins Auge blicken, beginnen Sie zu entdecken, was in der Welt wahr und was falsch ist. Wenn Sie glauben, sich selbst zu kennen, irren Sie sich – ebenso wie wenn Sie zu wissen glauben, was in der Welt wahr und was falsch ist. Die anderen fünf Milliarden wissen es auch nicht, sonst gäbe es keine Sorgen. Und doch macht sich jeder Sorgen – weil jeder das Gleiche denkt.

Wenn Sie sich einmal Ihre Ziele betrachten, werden Sie feststellen, daß Sie vom Wunsch nach Macht, Status, Prestige, Besitz (Menschen eingeschlossen) und Dauerhaftigkeit (festhalten, was man hat) herrühren. Das Bestreben, in einem dieser Bereiche erfolgreich zu sein, ist in Wirklichkeit der Wunsch nach Macht. Jeder verfolgt diese Ziele auf die eine oder andere Weise und glaubt, daß ihr Erreichen ihm Glück und Zufriedenheit bescheren wird. Das ist natürlich keineswegs der Fall, und unsere schreckliche innere Zerrissenheit rührt daher, daß wir das insgeheim sehr wohl erkennen.

Wir wissen, daß wir stets nur vorübergehend glücklich sind, ganz gleich, was wir erreichen. Wir sind glücklich über eine Beförderung, die uns für die Zukunft noch mehr Erfolg, sowie in der Gegenwart mehr Prestige und Geld verspricht. Doch wenn wir das nächste Mal nicht befördert werden oder zu lange warten müssen, sind wir unglücklich.

Wahres Glück, wahre Zufriedenheit muß ein konstanter, unveränderlicher Zustand sein, der nicht vom schwingenden Pendel des Erfolgs oder Mißerfolgs abhängt. Doch alle jagen den gleichen Dingen nach, weil der Roboterverstand nicht lange genug innehalten kann, um nach einer Quelle des Glücks jenseits des materiellen Erfolgs Ausschau zu halten. Heißt das nun, daß ich Ihnen rate, Ihren Ehrgeiz, Ihren Wunsch nach Erfolg, Prestige und Glück aufzugeben? Nein. Machen Sie sich ruhig auf, die ganze Welt zu erobern, wenn es das ist, was Sie wollen. Gerade dort draußen, im dichtesten Kampfgewühl, können Sie am leichtesten entdecken, wer Sie sind. Kein Ziel ist zu hoch, wenn Sie es sich gesteckt haben. Lassen Sie sich nicht von der lähmenden Angst anderer anstecken und so Ihren Wunsch nach Ruhm und Erfolg zügeln. Gehen Sie hinaus in die Welt, wenn Sie können, und werden Sie einer der wenigen aus jeder Generation, die sich über die Köpfe der Masse erheben und lachend rufen: „Schau mich an, Welt. Ich habe es geschafft!“ Achten Sie jedoch darauf, daß Sie auf Ihrem Weg nach oben bewußt bleiben, daß Sie gewahr sind, was Sie tun. Nur der bewußte Mann, die bewußte Frau findet das Geheimnis von Glück und Zufriedenheit, und das ist sicher der größte Erfolg.

Um hören, um lernen zu können, muß Ihr Geist still sein. Ist Ihnen je aufgefallen, daß Sie nie mehr als einen Gedanken gleichzeitig fassen können? Wenn Sie sich hinsetzen und sich überlegen, welche Kleidungsstücke Sie in den Urlaub mitnehmen wollen, ist Ihr Geist damit beschäftigt, sie auszuwählen. Fragt Sie dann jemand, was Sie an diesem Nachmittag vorhaben, muß die Urlaubsplanung aus Ihrem Geist verschwinden, damit dieser auf das Nachmittagsprogramm gerichtet werden kann. Während Sie denken, können Sie auch nicht zuhören, können nichts aufnehmen, weil Ihre einzige Bewußtseinsleitung besetzt ist.

Können Sie zuhören, während Sie urteilen? Können Sie etwas lernen? Oder empfangen Sie nur Ihre eigenen unbrauchbar gewordenen Meinungen, das Produkt eines winzigen Bruchstücks des Lebens, das Sie zufällig erfahren oder über das Sie gelesen haben?

Wenn Ihnen jemand sagt, daß Sie die meiste Zeit unbewußt sind, beginnt der Geist gewohnheitsmäßig sofort zu werten und erklärt: „Das ist Blödsinn. Ich bin bewußt. Ich weiß, daß ich bewußt bin. Wenn ich unbewußt wäre, wäre ich nicht in der Lage, all diese Dinge zu tun." Sagen Sie statt dessen aber: „Das könnte sein", befinden Sie sich in einem Zustand der Empfänglichkeit und sind bereit, Neues aufzunehmen.

Der stille, empfängliche Geist geht mit der Feststellung: „Ich weiß es nicht, also werde ich zuhören" an die Dinge heran. Der geschäftige, rigide Geist geht von Werturteilen und Meinungen aus „Ich glaube" oder „Ich glaube nicht".

Tag für Tag werden Ihre Überzeugungen und Meinungen stärker und zahlreicher. Das gilt besonders für junge Menschen, denn sie werden von den Roboter-Denkern allmählich in ein Gespinst von imaginären Regeln über richtig und falsch, gut und schlecht gewickelt. Alle propagieren diese Regeln und ignorieren sie doch selbst bei Bedarf – und wenn man es ihnen sagt, sind sie beleidigt.

Um den Durchbruch zu erreichen, müssen Sie sich ständig in einem empfänglichen, lauschenden Zustand befinden, denn die Wahrheit wird in den ungewöhnlichsten und unerwartetsten Momenten entdeckt. Sie müssen dem schrecklichen, zermürbenden, manchmal fast unerträglichen Druck der Sie umgebenden Roboterwelt widerstehen, die alles tun wird – die Sie dem Haß, der Verleumdung, den Tränen, der Lächerlichkeit, Ausbrüchen von Wahnsinn, ja sogar psychologischer Kreuzigung aussetzen wird –, um Sie ihrer Denkweise anzupassen, Sie wieder einzureihen und den Toten anzuschließen, die die Toten begraben.

Es erfordert zunehmend Mut, den Weg der Selbsterkenntnis zu verfolgen. Nicht jenen Mut allerdings, der durch Kühnheit beeindruckt, sondern einen inneren Mut, der Ihnen, sofern Sie ihn haben, schließlich Willenskraft verleihen wird.

Während der Verstand die Dinge durch einen Schleier von Meinungen und Werturteilen betrachtet (und er wird das so lange tun, wie diese existieren), können Sie niemals wirklich erkennen, was wahr ist. So müssen Sie sich beispielsweise vom Glauben, daß Gott existiert oder nicht existiert, lösen. Sie wissen es nicht. Das ist eine Tatsache. Aber Sie können es durch Selbsterkenntnis herausfinden.

Die Roboter-Denker werden versuchen, Sie davon zu überzeugen, daß Gott existiert oder nicht existiert, daß Sie glauben müßten, obgleich es doch offensichtlich unmöglich ist, durch einen Willensakt an irgendetwas zu glauben. Um glauben zu können, muß man wissen – und dann muß man nicht mehr glauben, dann weiß man.

Die eine Hälfte der Menschheit sagt: „Gott existiert“, die andere behauptet das Gegenteil. Eine Hälfte muß demnach Unrecht haben. Und vielleicht glauben Sie gerade der, die Unrecht hat. Doch überhaupt einer von beiden zu glauben ist roboterhaftes Denken, denn keine von beiden weiß es wirklich.

Wenn Selbsterkenntnis Ihnen die Antwort offenbart, wird sie zu einer lebendigen Tatsache, in ihrer eigenen Erfahrung. Und immer wird die Antwort da sein, wenn Sie sie wirklich erfahren wollen, gerade so wie Sie feststellen können: „Es ist Nacht“ oder „Es ist Tag“. Sie werden wissen – während der Rest der Welt darüber streitet und spekuliert.

Sie müssen von jetzt an Ihre Meinung darüber, ob das Verhalten einer anderen Person gut oder schlecht ist, fallenlassen. Sie können niemanden beurteilen, weil Sie ihn immer durch die – wenn auch geringste – Verzerrung Ihres Urteils wahrnehmen werden. Wenn starke Gefühle im Spiel sind, kommt es häufig vor, daß Sie die betreffende Person überhaupt nicht mehr sehen, sondern nur noch Ihr eigenes Urteil. Und es besteht immer die schreckliche Möglichkeit, daß Sie Unrecht haben.

Der Punkt ist, daß Sie, während Sie innerlich mit einer Meinung über einen Menschen beschäftigt sind, nicht „auf Empfang“ sein können und die Wahrheit vielleicht verpassen. Wenn jemand

Sie beleidigt, können Sie diesem Menschen so gut wie möglich aus dem Weg gehen (was Sie ohnehin bereits tun) – aber ohne darüber nachzudenken. Wenn Sie aber vor anderen über jemanden ein Werturteil fällen, drückt sich diese Art des Denkens in Worten aus. Das ist der Herzschlag des Roboter-Verstandes.

Menschen sind bereit, über fast alles ihre Meinung abzugeben. Sie halten nicht inne, um zu bemerken, daß sie meistens nur wiederholen, was jemand anderer gesagt oder geschrieben und zu glauben sich entschlossen hat. Sie übernehmen die Vorstellungen anderer Leute als Ihre eigenen oder weisen sie strikt zurück – je nachdem, wie Sie konditioniert wurden.

Die allererste Konditionierung, der wir ungeachtet unserer Nationalität oder Rasse ausgesetzt werden, ist die, daß wir unser Körper sind. Die zweite, daß wir Individuen sind. Weder die eine noch die andere Aussage kann bewiesen werden. Doch wir werden keine Schlüsse ziehen, denn derjenige, der wirklich hinschaut und lange genug hinschaut, muß die Wahrheit finden. Wer oder was sind Sie? Jede Antwort auf diese Frage kommt aus dem Roboter-Verstand, der wie eine große Ziegelmauer zwischen uns und der Wahrheit steht. Jede Antwort, die er uns über uns selbst gibt, ist lediglich eine weitere Frage, eine Reaktion, die dem gleichen oberflächlichen Wissen entspringt, eine Mischung all dessen, was wir bereits wissen. So erhalten wir zwar sämtliche Antworten, aber keine Lösungen.

Die einzige Möglichkeit, jemals zur Wahrheit zu gelangen, besteht darin, herauszufinden, was wir nicht sind. Das erreichen wir durch Schauen, durch Beobachten. Indem wir beobachten, daß wir nicht die uns umgebenden Objekte sind, entwickeln wir unseren Sinn für die Dualität, unser Selbst-Bewußtsein. Wenn wir also den Roboter-Verstand in Aktion beobachten, lösen wir allmählich unsere Identifikation mit ihm auf und erkennen schließlich, daß wir etwas ganz anderes sind. Dieses Etwas – Bewußtsein ohne das Selbst – besteht jenseits der Reaktionen des Roboters, und genau dort finden wir die Wahrheit.

Der Roboter in uns ist das Gedächtnis. Sorgen, Ängste, jede Reaktion unseres Verstandes entspringt unserem Gedächtnis. Das muß als Erstes verstanden werden. Sie können sich davon selbst jetzt sofort überzeugen, indem Sie sich eine Frage stellen – irgendeine Frage – und dann beoachten, was geschieht.

Sie müssen alle Theorien vergessen, die Sie gelesen oder gehört haben. Wir befassen uns hier nicht mit intellektuellen Konzepten oder Streitgesprächen. Sie müssen auch die psychologische Terminologie nicht kennen, Sie müssen nicht wissen, was Freud und andere sagten.

Dieser Prozeß der Selbstentdeckung ist ein wissenschaftlicher, und deshalb müssen wir das unveränderliche Prinzip der Wissenschaft anwenden: Experimentiere und beobachte. Das Experiment besteht darin, die Fragen zu stellen, und „beobachten" bedeutet, sich selbst anzuschauen und zu sehen, was geschieht. Da es sich um eine Wissenschaft handelt, können sich ihre Gesetze nicht ändern. Jede offensichtliche Abweichung findet in Ihnen statt: Sie haben den Weg der Fakten verlassen und sich auf den Pfad der Schlußfolgerungen begeben. Die Sonne scheint oder sie scheint nicht. Sie müssen sich dazu keine Meinung bilden, Sie müssen einfach hinsehen.

Wenn ein Forscher sein Labor betritt, um zu versuchen, etwas Neues zu entdecken, läßt er all seine Meinungen, Vorlieben und Abneigungen außen vor. Er baut seine Versuchsanordnung auf, startet den Versuch und beobachtet das Ergebnis. Auch Sie müssen ein Wissenschaftler sein und die Herausforderung, die das Leben an Sie stellt, beobachten. Das Schöne daran ist, daß das Experiment jederzeit funktioniert. Sie müssen sich nicht extra Zeit dafür nehmen oder Ihre Aktivitäten unterbrechen. Das Schwierigste dabei ist, sicherzustellen, daß der Wissenschaftler, der Beobachter Ihrer selbst wirklich zugegen ist.

Manchmal, wenn Sie einen Blick in Ihre wundersamen, unerforschten Tiefen werfen, wird Ihr ganzes Sein angesichts der Schönheit einer entdeckten Wahrheit vor Freude singen, und Sie werden mit dem Triumph und der Gewißheit des Wissenschaftlers ausrufen: „Das ist richtig“. Glauben Sie aber nicht, daß Sie Ihre Freude nun mit jedermann teilen könnten. Menschen, die nicht ebenfalls auf dieser inneren Forschungsreise sind, werden Sie nicht verstehen. Vielleicht geben sie vor, zu verstehen, aber Sie werden wissen, daß das nicht stimmt. Der Lohn für diesen Prozeß wird nur jenen zuteil, die sich die Mühe machen; darin besteht die höhere Gerechtigkeit.

Das Gedächtnis ist das Produkt der Erfahrung, und es enthält alle Fakten, die Sie benötigen, um die praktische Seite des Lebens zu bewältigen. Aber es muß darin auch noch etwas Anderes enthalten sein, sonst wären wir uns alle über die Fakten einig und es gäbe keine Auseinandersetzungen! Man kann nicht vernünftigerweise darüber streiten, wieviele Beine eine Kuh hat, und dennoch verbringen wir einen Großteil unseres Lebens mit Disputen und Meinungsverschiedenheiten. Manche Leute verwetteten schon ihr Leben für etwas so Nebensächliches wie die Erinnerung an ein bestimmtes Datum. Jedesmal, wenn wir mit jemandem streiten, tun wir etwas Ähnliches, wenn auch mit weniger Einsatz. Die Leute erklären mit absoluter Überzeugung, daß dies oder jenes wahr ist. „Ich weiß, daß es wahr ist“, schreien sie. Doch wer weiß es wirklich? Auf welchem unerschütterlichen Fundament beruhen diese großartigen Verkündigungen der Wahrheit? Nur auf persönlichen Eindrücken.

Der größte Teil unseres Gedächtnisinhalts besteht aus Eindrükken. Und diese sind das Resultat einer Konditionierung - der religiösen Tradition, innerhalb derer wir aufwuchsen, des politischen, familiären und gesellschaftlichen Umfelds. Das ist die subtilste, widerwärtigste Art der Erfahrung überhaupt. Eindrücke sind die Quelle aller unserer Meinungen und Auseinandersetzungen.

Wenn Sie sagen, daß Gott existiere oder nicht existiere oder daß jemand gut oder schlecht sei, greifen Sie für diese Aussage auf Ihr Eindrucks-Gedächtnis zurück. Wenn Sie sagen, daß Sie etwas „fühlen“ oder „einfach wissen“, greifen Sie auf Eindrücke zurück. Es ist unwissenschaftlich zu sagen, Sie „fühlten“ etwas.

Es bedeutet in Wirklichkeit lediglich, daß Sie sich nicht die Mühe gemacht haben, die Tatsachen herauszufinden.

Wenn Sie das nächste Mal auf eine Frage mit: „Ich weiß es nicht" antworten, beobachten Sie einmal den Zustand des Nicht-Denkens. Nehmen Sie wahr, wie es ist, wenn Sie nicht eifrig Erinnerungen, konditionierte Reaktionen oder Eindrücke hervorholen. Sie sind wie eine fotografische Platte, die in einer Dunkelkammer belichtet wird, absolut ohne Bewegung und doch im perfekten Gleichgewicht, um das Licht, das Neue, aufzunehmen.

Die Fakten

Sie haben aufgehört, an Märchen zu glauben, als Sie herausfanden, daß Zauberstäbe auf Ihrer Ebene der Erfahrung nicht wirklich existieren. Doch damals, als Sie andächtig diesen Geschichten lauschten, waren Sie sich nicht so sicher. Als Kind hatten Sie nicht genügend Lebenserfahrung, um zu beweisen, daß diese Dinge nicht real waren. Kinder lauschen den Märchen nicht, um sich unterhalten zu lassen oder vor der Wirklichkeit zu flüchten. Sie leben die Märchen, und sie glauben daran, als wären sie das Leben selbst. Der sich entwickelnde Geist ist so angelegt, daß er, noch bevor die Menschen lesen und schreiben konnten, ja noch vor der Entwicklung der Sprache alle Erfahrungen des alltäglichen Lebens bereits gemacht hat. Mit der Sprache kam erstmals Korruption ins Spiel, kamen die ersten Lügen und die ersten Märchen. Also glauben die Kinder weiterhin, daß solche Dinge wahr sind, bis das Leben selbst deren Unrichtigkeit beweist..

Sie können Kinder dazu bringen, alles zu glauben, selbst daß Sie weise seien und Zauberkräfte besäßen, doch es wird nicht allzu lange dauern, bis das Leben die Kinder durch Erfahrung lehrt, daß Sie sie betrogen haben und keineswegs weise sind. Schließlich werden sie nicht mehr auf Sie hören und auch Ihren Rat nicht mehr suchen. Später, wenn es ihnen als Erwachsene nicht gelungen ist, Weisheit in sich selbst zu finden, werden sie ihren eigenen Kindern vormachen, daß sie weise seien – mit dem gleichen traurigen Ergebnis.

Selbsterkenntnis ist ein Prozeß der Dehypnotisierung. Wenn Sie hypnotisiert sind, sehen Sie die Dinge so, wie sie in Wirklichkeit gar nicht sind, verwechseln das Unwahre mit dem Wahren. Das setzt einen Prozeß der Selbsttäuschung voraus – eine Roboter-Einbildung.

Ohne Einbildung, das heißt ohne Imaginationskräfte, wäre der Mensch nicht Mensch, und doch ist gerade diese Fähigkeit eines der Haupthindernisse auf dem Weg zur Selbsterkenntnis. Das Problem beginnt, wenn wir der Vorstellungskraft erlauben, uns zu benutzen, und das geschieht immer dann, wenn sie aus den im Gedächtnis gespeicherten Eindrücken Bilder abruft. Dann leiden wir. Und wenn wir unser Elend dazu benutzen, um uns selbst zu beobachten, entdecken wir, daß diese Art der Einbildungskraft der Fluch des Menschen ist, etwas, das uns von Gott trennt, falls es einen Gott gibt.

Im Gedächtnis gespeicherte Eindrücke sind die Ursache der meisten Schmerzen und des meisten Elends in Ihrem Leben und im Leben eines jeden anderen. Aber das Gedächtnis enthält auch Fakten. Das Gedächtnis der Eindrücke dient dem Menschen zum Streiten und Argumentieren, das Fakten-Gedächtnis zum Handeln.

Auf der materiellen Ebene macht die Welt durch die Umsetzung von Fakten Fortschritte. Von der Medizin bis zur Raumfahrt – jedes neue Gerät, jede neue praktische Errungenschaft der Menschheit hat ihren Ursprung in einer fortschreitenden Entwicklung des Fakten-Gedächtnisses. Der Mensch benutzt es stets bei seiner Arbeit oder wenn es etwas Wichtiges zu tun gibt. Aber sobald er mit seiner Arbeit fertig ist, schaltet er auf das Gedächtnis der Eindrücke um. In diesem emotionalen Gedächtnis bewahrt er die Vorstellungsbilder auf, die für ihn mit der Bedeutung einer bestimmten Erfahrung verknüpft sind, Bilder, die er von sich selbst und anderen hat. Hier kümmert er sich nicht mehr länger um Fakten. Er betritt die Welt der Vorstellungen und Meinungen – die Welt des Falschen. Doch wenn er etwas sehr Wichtiges zu tun hat, wenn er sich keine Fehler leisten kann, greift er ausschließlich auf sein Fakten-Gedächtnis zurück.

Unzählige Männer und Frauen haben auf ihre ganz eigene Art zum Fortschritt beigetragen, aber sie haben kein einziges Faktum zur Beantwortung der Frage: „Wohin gehe ich? Was hat all das zu bedeuten?“ beigesteuert. Sind die Menschen, die vor Ihnen lebten, Ihre Hypnotiseure? Und hypnotisieren Sie wiederum Ihre eigenen Kinder? Es gibt nur einen Weg, das herauszufinden: Sie müssen sich selbst genau so sehen, wie Sie sind – und nicht, wie Sie Ihrer Vorstellung nach sind. Wenn Sie sich selbst beobachten, sollten Sie das, was Sie sehen, weder verdammen noch gutheißen. Wenn Sie eine Lüge erzählen, brauchen Sie sich nicht dafür zu verurteilen. Der Richter kann nicht der Verurteilte sein, und akzeptieren bedeutet bereits urteilen. Tatsache ist, daß Sie gelogen haben. Sie brauchen es niemandem zu erzählen – stellen Sie sich einfach nur der Wahrheit.

Wenn Sie sich weiterhin beobachten, werden Sie feststellen, daß Sie ein gewohnheitsmäßiger Lügner sind. Selbst wenn Sie ein ganz unwesentliches Ereignis wiedergeben, werden Sie sich dabei beobachten, daß Sie ohne Grund lügen oder übertreiben. Versuchen Sie, einen Grund dafür zu finden, urteilen Sie schon wieder und versuchen, etwas zu rechtfertigen.

Was Sie sehen, wird Sie in Erstaunen versetzen. Auch der Wissenschaftler, der die Ergebnisse eines Experiments beobachtet, ist oft erstaunt darüber, was er sieht – und er kann auch darüber lachen, ohne die Ergebnisse zu verändern.

Wenn Sie versuchen zu ändern, was Sie sehen, sind Sie schon wieder auf dem falschen Weg. Um überhaupt in irgendeinem Bemühen erfolgreich zu sein, müssen Sie immer wieder auf Ihr Ziel zurückkommen. Ihr Ziel sind in diesem Fall Sie selbst, denn es geht darum, daß Sie sich selbst genau so sehen, wie Sie sind. Und

Sie sind nicht nur ein Lügner, Sie haben auch noch viele andere unangenehme Eigenschaften. Wenn Sie versuchen, die alle zu ändern, werden Sie nicht genug Zeit finden, sich selbst zu erkennen oder zu verändern, und dann werden Sie wieder genau am gleichen Punkt stehen wie all die anderen vor Ihnen, die auch versuchten, sich zu verändern, darin aber nie erfolgreich waren. Wenn wir Dinge einfach dadurch ändern könnten, daß wir gegen sie sind, steckten wir in einem ziemlichen Schlamassel. Was für einige gut ist, ist schlecht für andere. Manche würden das Gute ändern, andere das Schlechte.

Man kann etwas Altem nicht durch eine Flucht ins Alter entkommen, sonst wären wir alle frei. Selbsterkenntnis ist die Entdeckung des Neuen: Es schaut über die Welt hinaus, die alle Antworten, aber keine Lösungen hat.

Sie kaufen einen Diamantring. Er kostet viel Geld, und Sie tragen ihn jahrelang mit der Befriedigung, die ein schönes oder wertvolles Stück seinem Besitzer verschafft. Eines Tages weist ein Experte nach, daß Sie eine wertlose Imitation besitzen. Tragen Sie den Ring nun weiterhin mit dem gleichen Vergnügen? Nein. Sie rangieren ihn aus. Sie lassen ihn in irgendeiner Schublade liegen oder geben ihn Ihren Kindern zum Spielen. In Wahrheit ist es so: Wenn Sie einmal entdecken, daß etwas unecht ist, verlieren Sie das Interesse daran. Der Mensch schätzt nicht mehr, was er für echt hielt, nachdem er entdeckt hat, daß es unecht ist. Wahrheit ist also die einzig mögliche Lösung.

Selbsterkenntnis bedeutet, das Unechte zu entdecken. Das Echte und Wahre brauchen Sie nicht zu suchen: Wenn das Unechte abgelegt wird, ist das Echte einfach da. Es war immer schon da.

Sehen Sie einfach den Tatsachen ins Auge, und die Veränderung wird sich automatisch einstellen und von Dauer sein. Wenn Sie entdecken, daß Sie ein Lügner sind und dieser Tatsache ohne Ausflüchte ins Auge schauen, werden Sie aufhören zu lügen. Die

Angewohnheit zu lügen wird von Ihnen abfallen wie ein totes Blatt, das nicht mehr länger ein Teil des Baumes ist.

Sie sind außerdem ein Heuchler. Sie sind grausam, selbstsüchtig, gierig und voller Neid. Ihre Taten und Gedanken entsprechen nicht den moralischen Anforderungen, die Sie zu erfüllen vorgeben und deren Erfüllung Sie von anderen erwarten. Sie gestatten sich Wutanfälle, aber Sie verurteilen ein solches Verhalten bei anderen. Sie betrügen bei Geschäften und entschuldigen es als übliches Geschäftsgebaren. Sie verleumden einen anderen Menschen, um sich bei einer Unterhaltung zu amüsieren, und dann gehen Sie nach Hause und sprechen von Liebe. Wenn das Liebe ist, dann gäbe es keine Hoffnung. Liebe, wenn es sie denn gibt, muß etwas Beständiges sein und kein Spielball der Launen.

Wenn die Verbindung zwischen zwei Tatsachen nicht offensichtlich ist, sollten Sie sich daran erinnern, daß das Leben sich stets in Bewegung befindet. Trennen Sie nicht einzelne Teile vom Ganzen ab.

Das Leben ist ein Strom, der Sie mit sich trägt, und die Fakten sind wie verückbare Felsen inmitten dieses Stromes. Betrachten Sie jedes Faktum so, wie es sich Ihnen darbietet, und halten Sie inne. Der Strom wird Sie um das Hindernis herum und weitertragen. Versuchen Sie jedoch, den Fakten zu entkommen, indem Sie sich weigern, sich damit zu konfrontieren, kämpfen Sie gegen den Strom des Lebens an und müssen leiden. Das ist das Gesetz. Es gibt keinen anderen Weg. Sich mit einem Faktum zu konfrontieren bedeutet, ihm voll ins Auge zu schauen, ganz gleich, wie häßlich oder schmerzhaft es ist. Dann löst es sich auf und setzt wie ein gespaltenes Atom eine ungeheure Energie frei, die wir als Augenblick der Entscheidung oder Augenblick der Wahrheit erleben.

Ein Mann will herausfinden, was sich in dem Tal hinter dem Hügel befindet. Er klettert also auf den höchsten Punkt und schaut hinunter. Zuerst sieht er nur, was da ist, so wie es ist: das Tal und alles, was darin existiert. Er sieht nicht, daß der Fluß am nördlichen Ende im Süden sein sollte. Er sieht nicht, was sein sollte und was nicht. Er schaut einfach. Dann verspürt er den Wunsch, dort zu leben. Aber der Wunsch ist nicht die Realität; er ist nur der Weg, der zur Realität führt.

Wenn der Mann sich tatsächlich in diesem Tal niederläßt, kann er die Dinge verändern, die sich ändern lassen. Was sie aber verändert, ist die Tatsache, daß sie veränderbar sind – der Mann ist nur das Werkzeug. Wenn das Wasser umgeleitet werden kann, wird er diese Tatsache erkennen und es tun. Er muß kein Urteil über irgend etwas fällen, solange er sich daran hält, die Fakten zu sehen.

Ist der Fluß zu weit entfernt, um seine Felder bewässern zu können und kann auch nicht umgeleitet werden, wird der Mann dieser Tatsache ins Auge schauen müssen – vielleicht vor Enttäuschung weinend – und sein Glück anderswo versuchen. Sieht er den Tatsachen nicht ins Auge und läßt sich, von der Stärke seines Verlangens und blinden Optimismus getrieben, trotzdem im Tal nieder, lebt er in einer Illusion, einem Traumland, in dem er dennoch mit den Härten der Realität konfrontiert wird. Sein Leben wird zu einem schleichenden Elend.

Zuerst kommen die Tatsachen. So ist es immer, doch wir können diese Wahrheit nur sehen, wenn der Geist sehr still ist. Anfangs erhaschen wir vielleicht nur einen Schimmer davon.

Warum widmen so viele Zeitschriften ihre Titelseite einem hübschen Mädchen, auch wenn diese junge Frau vielleicht gar nichts mit dem Inhalt der Zeitschrift zu tun hat? Und warum lächeln diese jungen Frauen immer, warum wirken sie immer glücklich oder sexy?

Für den Roboter-Verstand scheint die Antwort auf der Hand zu liegen, aber das heißt nicht, daß er sie wirklich versteht. Der Trick würde nicht funktionieren, wenn ihn alle durchschauten.

Tatsache ist, daß die Hersteller und Werbefachleute, die solche Dinge konzipieren, darauf abzielen, in Ihnen das Verlangen nach ihren Produkten zu wecken, indem sie Ihrem Verstand den verlockenden Eindruck einpflanzen, daß diese Ihnen das Glück ins Haus bringen. Das funktioniert, weil wir normalerweise nicht wissen, was echtes Glück ist. Wüßten wir es, würde bereits die Idee, eine Zeitschrift könnte es hervorrufen, lächerlich sein. Vielleicht lachen Sie, wenn man Sie mit einer Feder kitzelt, aber das bedeutet nicht, daß die Feder Glück verursacht. Außerdem ist Lachen auch kein Zeichen von Glück, wie wir alle wissen.

Die Menschen stellen sich vor, Glück habe mit Besitz zu tun, seien es nun Geld, Häuser, Autos, Fernsehgeräte, hübsche Mädchen oder gutaussehende Männer. Und sie hören nie auf, sich das einzubilden, selbst wenn sie erleben, daß mit Besitz verbundenes Glück unweigerlich dahinwelkt. Unechtes und Falsches wird also geduldet und geglaubt, weil die Fakten nicht gesehen werden und daher keine Kraft haben, das Neue zu bewirken.

Unser Ziel besteht darin, zu entdecken, was unecht ist, was falsch ist. Durch Beobachten haben wir entdeckt, daß Vorstellungen falsch sind, wenn diese einen Teil vom Ganzen abtrennen und sich nur auf einem Aspekt einer Tatsache – einem Eindruck – aufbauen. Wenn Sie sich also von solchen Vorstellungen trennen, trennen Sie sich von der Falschheit.

Solange Sie sich mit Phantasien und Vorstellungen identifizieren, identifizieren Sie sich mit dem Falschen und bleiben ein unbewußt denkender Roboter. Wenn Sie sich mit einem bestimmten Zustand identifizieren, sind Sie dieser Zustand. Wenn Ihr Denken irreal ist, sind Sie es auch. Wenn Sie wütend sind, sind Sie Wut.

Sie können Wut niemals durch eine Entschluß beenden. Die Wut ist jedesmal wieder das gleiche Monster. Seine Energie kommt aus der Emotion, und Emotion ist das Resultat eines Konfliktes. Konflikte entstehen durch roboterhaftes Denken, und das wiederum ist das Resultat des Versuchs, das, „was ist", zu verändern, ohne den Tatsachen ins Auge zu sehen.

Wut muß, wie all die anderen korrumpierenden Identitäten in Ihrem Innern, beobachtet und verstanden werden. Dann löst sie sich auf und kehrt nie mehr zurück. Sie können nicht gleichzeitig die Wut und der Beobachter sein, aber Sie können wütend scheinen und dennoch Beobachter bleiben. Es erfordert eine immense Stärke, angesichts einer Provokation Beobachter zu bleiben. Doch die Wut hat, da sie etwas Unechtes ist, im Lichtkegel intelligenter Beobachtung keine Chance des Fortbestehens.

Das Bedürfnis nach Liebe

Um erkennen zu können, was gut für andere ist, muß man zunächst intensiv an sich selbst arbeiten. Die Wahrheit als das wirklich Gute kann man nur in der Beziehung mit sich selbst entdekken. Und dazu muß der Geist sehr still werden. In Ihrem Gedächtnis der Eindrücke sind Ihre Vorstellungen darüber gespeichert, was gut für Sie, die verschiedenen Menschen in Ihrem Leben, die Menschheit oder die Welt und alle Dinge im allgemeinen ist. Aber Sie kennen die Wahrheit noch nicht einmal im Hinblick auf sich selbst. Die Wahrheit in bezug auf jemand anderen zu erkennen übersteigt Ihre Fähigkeiten absolut. Unsere Versuche, miteinander zu leben, erschöpfen sich in ständigen Zusammenstößen der individuellen Vorstellungen über die Bedürfnisse des jeweils anderen. Sie kennen weder die Wahrheit über sich selbst noch die Wahrheit über andere, und auch diese kennen weder die Wahrheit über Sie noch über sich selbst. Was für ein Zirkus!

„Warum kann ich nicht glücklich sein? Warum gibt es Streit, Gier, warum gibt es Morde, Selbstmorde, Kriege? Warum können die Menschen nicht in Harmonie miteinander leben? Warum bin ich nie wirklich zufrieden, ganz gleich, was ich mir verschaffe, sei es ein Mann oder eine Frau, Geld oder Macht?"

Die Antwort darauf ist recht einfach. Sie kennen Ihre wahren Bedürfnisse nicht und werden sie auch nie kennenlernen, solange Sie sich selbst nicht kennen. Sie sehen alle Bedürfnisse mit den

Augen des oberflächlichen Roboters und begreifen nicht, daß der Zweck von Bedürfnissen im Bedürfnis des Lebens besteht, sich selbst als Gesamtheit zu erfahren, jenseits der vordergründigen individuellen Bedürfnisse der Menschen und Dinge. Deshalb existiert das Mysterium von Tod und Zerstörung und von Leben und Geburt – eine strukturelle Gerechtigkeit, eine Integrität der Gegensätze, dieses Wesen aller Dinge, welches wir unsterbliches Leben nennen.

Sie stellen sich die Bedürfnisse anderer Menschen immer noch aus der Perspektive des „Helfers“ vor (das gilt hin und wieder für uns alle) oder des professionellen Reformers, der alles reformiert und verändert – außer sich selbst. Helfer und professionelle Reformer haben noch nie irgendetwas gelöst. Sie arbeiten an der Außenseite, an der Oberfläche, an scheinbaren Bedürfnissen. Sie kümmern sich um äußere Erscheinungen und verstehen nicht, daß jede einzelne Erscheinung nur Ausdruck einer Ursache weit jenseits dieser Erscheinung ist. Sie stopfen eine leere Tasche im riesigen Gewand der Welt – aber angesichts des ewigen Laufes der Zeiten nur für einen Augenblick. Wenn sie irgendwo ein noch größeres Bedürfnis entdecken, fällt alles andere, woran sie tätig waren, in seinen früheren Zustand zurück. Manchmal hinterlassen sie eine Spur von Bitterkeit und Elend, denn diejenigen, denen sie Nahrung reichten, werden wieder hungern, und diejenigen, die sie retteten, werden wieder ins Elend fallen. Sie haben von ihrer Zeit geopfert, vielleicht auch von ihrem Besitz, aber sie haben nichts von sich selbst gegeben.

Auch Sie können nicht geben, was Sie selbst nicht kennen, oder Sie sind nicht der Gebende. Und was bedeutet es schon, von Ihrem Besitz abzugeben? Eines Tages verlieren Sie vielleicht, was Sie besitzen und haben nichts mehr zu geben.

Liebe kann man nicht in Worte fassen, aber man kann sie zeigen. Für den Augenblick müssen Sie alles vergessen, was Sie je über Liebe zu wissen glaubten. Wenn Sie aus der alten Perspektive schauen, können Sie nicht verstehen und werden nicht zuhören.

Sie können weder eine Person noch eine Sache noch ein Ereignis lieben. Aber Sie können sich in einem Bezug zu dieser Person, dieser Sache oder diesem Ereignis im Zustand der Liebe befinden. Dann braucht das Objekt Sie, dann ist es das Objekt, und Ihre Liebe wird andauern – aber nur solange, wie das Bedürfnis besteht.

Falls das Objekt sich seiner nicht bewußt ist oder nicht bewußt sein kann, nimmt es wahrscheinlich auch seine Liebe nicht bewußt wahr. Ein Beispiel hierfür ist die Luft, die Sie atmen. Sie befindet sich im Verhältnis zu Ihnen im Zustand der Liebe. Sie benötigen sie, ohne Luft würden Sie sterben. Sie aber befinden sich nicht bewußt im Zustand der Liebe mit ihr. Doch wenn Sie sich selbst kennen, werden Sie es sein. Denn um Ihre Liebe (Luft) zu erkennen, muß Ihnen jemand ein Kissen aufs Gesicht drücken. Wird das Kissen entfernt, sinken Sie wieder in den Schlaf – den Sie Leben nennen – und sind sich nicht des Glücks bewußt, diese Liebe zu kennen. Sie sind in dem Maße lebendig, wie Sie Liebe kennen, sich der Liebe bewußt sind. Liebe wählt nicht, so wie die Luft keine Wahl hat – sie muß Sie am Leben erhalten, und auch Sie haben keine Wahl – Sie müssen sie atmen.

Im Zustand der Liebe müssen Sie kreativ sein: Sie haben keine Wahl, und Sie wollen auch keine. Ein wahrer Reformer ist jemand, der liebt. Er hat keine Wahl: Er handelt, weil er nicht anders kann.

Liebe geht über den Verstand hinaus, weil sie immer wieder neu ist. Das Denken bezieht sich immer auf die Vergangenheit, auf Ihre im Gedächtnis gespeicherten eigenen Erfahrungen und die Erfahrungen anderer, die auf Büchern oder Aufzeichnungen irgendwelcher Art beruhen. Jedes Produkt des Verstandes ist eine Reaktion auf Vergangenes, eine Synthese aus dem, was alt ist. Der Verstand modifiziert, reagiert, erneuert, aber Neues kann er nicht erschaffen.

Der Komponist einer neuen Melodie kreiert auf dem Klavier keine neuen Noten. Seine neue Notenkombination existierte bereits im Potential der Tastatur. Wenn die begabtesten Komponisten und Schriftsteller, die führenden Architekten oder originellsten Designer etwas erschaffen, befindet sich ihr Verstand in einem Zustand der Stille oder Meditation über das, was sie lieben. Und aus dieser Lautlosigkeit, dem Jenseitigen, empfängt der stille, wartende Geist die Erfüllung des Bedürfnisses, er empfängt das Echte, das erfrischend Neue, welches den Rest der armseligen, mittelmäßigen, denkenden Welt durch seine Brillanz und Genialität in großes Erstaunen versetzt.

Der Verstand kann Liebe nicht erkennen. Wo gedacht wird, gibt es keine Liebe. Wenn der Roboter-Verstand aktiv ist, denkt er pausenlos und ist der Meister. Wenn man aber die Meisterschaft über den Roboter-Verstand erlangt, hört das undisziplinierte Denken auf und wird durch bewußtes Gewahrsein ersetzt. Bewußtes Gewahrsein kann die Liebe erkennen. Sie können das Neue nur erfahren, wenn Sie gewahr, wenn Sie frei von Gedanken sind. Doch sind wir selten still genug, um wirklich zu wissen, was wir lieben – insbesondere im Hinblick auf die Arbeit, die wir tun. Und selbst wenn wir es wüßten, würden wir uns wahrscheinlich für die Karriere entscheiden, die uns Erfolg und Geld verspricht. Deshalb sind wir bei unserer Arbeit meist unglücklich oder nur halbwegs glücklich (das heißt unbefriedigt) und sind infolgedessen häufig mittelmäßig und unkreativ.

Die Bedürfnisse des Menschen werden unablässig erfüllt und ändern sich daher unablässig. Wenn ein Bedürfnis erfüllt ist, existiert es nicht mehr. Das ist der Grund dafür, weshalb die Liebe, so wie wir sie kennen, anscheinend nie von Dauer sein kann. Aber in Wirklichkeit ändert sich nicht die Liebe, sondern das Bedürfnis.

Der Verstand klammert sich an das, was ihm bekannt ist, selbst wenn es eine Tatsache ist, daß kein Bedürfnis mehr existiert. Der Verstand hat gelesen und gehört, daß Liebe ewig ist, und entsprechend stellt er sich das vor. Er möchte so gern schöpferisch sein, aber er kann es nie.

Liebe ist ewig, unwandelbar und unveränderlich – aber nicht in Bezug auf ein bestimmtes Objekt. Denn alle Dinge brauchen etwas, und wenn dieses Bedürfnis befriedigt ist, muß sich die Liebe, die es verfügbar gemacht hat, verändern und als ein anderes Bedürfnis wieder erscheinen.

Das letzte Bedürfnis ist Liebe an sich. Wenn Sie also etwas als Ihr einzig verbleibendes Bedürfnis liebten, müßten Sie sterben. Nicht „sterben für", das ist die Vorstellung des Roboter-Verstandes von der höchsten Form der Liebe, sondern „hineinsterben" im Sinne von „aufgehen in". Dann wären Sie eins – kein Liebender, kein Geliebter. Die Liebe bewegt sich immer auf die Einheit zu. Sie vereint die Schöpfung und zerstört die Trennung.

Geben

Wenn Sie das Leben in seiner Ganzheit betrachten, werden Sie feststellen, daß jedes lebende Wesen für ein anderes existiert. Jeder Organismus ist wie ein Tunnel. Am einen Ende empfängt er, am anderen gibt er. Zwischen beiden Enden wandelt er das Empfangene zu einer für einen anderen empfangenden Organismus passenden Form um. Dieses Geben und Empfangen geschieht nicht aus freier Wahl, es geschieht ohne zu wählen. Geben ist ebenso notwendig wie Empfangen. Findet kein Geben und kein Empfangen statt, folgt zunächst Bewußtlosigkeit und dann der Tod. Wenn Sie versuchen würden, irgend etwas am Geben oder Empfangen zu hindern, würden Sie damit dessen Bewußtlosigkeit oder Tod herbeiführen. Denn Bewußtlosigkeit kommt der letzten Notwendigkeit aller Wesen, die ein Gehirn haben, am nächsten, und der Tod ist für alles unbewußte Leben die letzte Notwendigkeit.

Weshalb geschieht es so oft, daß Sie, wenn Sie jemandem mit

großzügigem Lächeln etwas geben, gleichzeitig den Stachel der Selbstsucht spüren und wissen, daß Sie in Wirklichkeit gar nicht geben wollten?

Weshalb müssen Sie so oft feststellen, daß Ihre Flut von Dankesbezeugungen für etwas, das Ihnen jemand gibt, nicht so aufrichtig ist, wie Ihre Worte es ausdrücken? Es mutet Sie dann seltsam, fast erschreckend an, daß Sie überhaupt nicht gerührt sind und genauso gut das Gegebene hätten nehmen und ohne Dank fortgehen können. Gemäß des ewigen universalen Gesetzes müssen Sie empfangen, was Sie brauchen, und das ist nicht immer das, was Sie zu brauchen glauben. Das sind die Gezeiten des Lebens, die keine Rücksicht auf das Individuum nehmen. Ihr Verstand wird immer einen Grund für das Geben oder Empfangen finden. Er wird sagen, daß Sie es wollten oder daß Sie ein Narr waren, zu geben, und es nicht wieder tun werden. Aber angesichts des unaufhörlich strömenden Lebensflusses bleibt die Tatsache bestehen, daß Sie keine Wahl hatten.

Wenn Ihr Verstand sich vorstellt, was Sie brauchen, oder denkt, daß Sie aus freien Stücken geben, können Sie in diesem Moment in Ihrem Innern die Lüge der Heuchelei erkennen. Und falls Sie sie erkennen, sind Sie in diesem Augenblick bewußt.

Sie machen sich die Mühe, sich zu bedanken, weil Ihr Verstand sagt, daß „jeder andere in der gleichen Situation dankbar wäre". Es gibt Dankbarkeit, aber es gibt sie nur jenseits des Roboter-Verstandes, wenn auch nicht jenseits der Erfahrbarkeit.

Echte Dankbarkeit ist ein Zustand, der nur existieren kann, wenn der Gebende gibt, weil er sterben würde, täte er es nicht, und der Empfangende empfängt, weil er andernfalls ebenso sterben müßte. In solchem Augenblick denkt oder spricht oder fühlt keiner von beiden, daß er der Gebende oder der Nehmende ist, und diese Erfahrung ist heilig, weil beide in diesem Augenblick Liebe empfangen.

Alles Leben beginnt mit der Sonne. Die Sonne scheint und gibt sich selbst: Sie hat keine Wahl. Die Hitze der Sonne läßt das

Wasser verdampfen, läßt Wolken entstehen, und wenn sie zu schwer werden, regnet es – die Wolken geben sich selbst hin. Die Luft muß sich dem Körper des Menschen als Atem zur Verfügung stellen, und der Mensch wandelt beim Atmen den Sauerstoff in Kohlendioxid um, welches er an die Bäume weitergibt, damit auch sie atmen können, was sie brauchen, um diesen Stoff durch ihren Lebensprozeß wieder in Sauerstoff zurückzuverwandeln, so daß der Körper des Menschen wiederum atmen kann. Die Erde muß den Bäumen und dem Gras von sich selbst geben, und diese geben den Tieren von sich selbst, die ihrerseits dem Menschen von sich selbst geben. Und alle Wesen, die sterben, müssen wieder zur Erde werden, um sie zu nähren, und die Erde empfängt und gibt, damit alle Dinge empfangen und geben können – und nichts und niemand hat eine Wahl. Unter allen Kreaturen besitzt allein der Mensch das Potential, sich zu entscheiden, das zu geben, worauf die gesamte Schöpfung wartet, das, was nur der Mensch geben kann – den erwachten Zustand des Bewußtseins. Bewußtsein zu geben bedeutet einfach, bewußt zu werden, aufzuwachen. Aber der Mensch hat sich vom Rest der Schöpfung abgetrennt und keinen bewußten Beitrag geleistet, sondern nur seine eigenen Bedürfnisse erfüllt. Obwohl er von der Schöpfung empfangen hat und imstande ist, ihr das kostbarste Geschenk des Bewußtseins zu geben und so das letzte Bedürfnis der Schöpfung zu erfüllen, entscheidet er sich dafür, es nicht zu tun. So sorgt er, indem er durch sein Leben nichts beiträgt außer seinen Egoismus zu pflegen, für die Aufrechterhaltung von Selbstsucht und Ignoranz auf diesem Planeten.

Unbewußtheit ist die Strafe des Lebens für die Weigerung, bewußt zu geben oder zu empfangen. So ist der Mensch wie alle anderen Kreaturen und Dinge unbewußt. Da Unbewußtheit das vorletzte Bedürfnis aller Geschöpfe ist, die ein Gehirn haben und der Tod das letzte Bedürfnis allen unbewußten Lebens ist, ist alles unbewußte Leben sterblich, auch der Mensch, wie er jetzt ist.

Wenn der Mensch die Wahrheit, daß er keine Wahl hat, wiederentdeckt, fängt er an, sich zu erkennen. Er beginnt aufzuwachen, bewußt zu werden. Er beginnt das Leben zu sehen, wie es ist, und nicht, wie er es sich in seinem unbewußten Zustand in Gedanken und Vorstellungen erträumt. Er fängt an zu geben, und je mehr er im selbstlosen Bemühen um Selbsterkenntnis hingibt, desto bewußter wird er. Der bewußte Mensch ist der unsterbliche Mensch. Der bewußte Mensch gibt der Schöpfung etwas, was kein anderes Wesen geben kann, und hat damit den Tod überwunden. Aber es nützt nichts, wenn ich Ihnen das einfach nur sage. Sie müssen es selbst entdecken und für sich selbst verwirklichen.

Das Mars-Prinzip

Astrologie wird als Wissenschaft der Zukunftsdeutung betrachtet: Man glaubt, daß die neun Planeten, die sich mit der Erde um die Sonne drehen, das Leben jedes einzelnen Menschen beherrschen und sich aus den Positionen, die sie einnehmen, die Zukunft hervorsagen läßt. Astrologen haben einige erstaunlich exakte Vorhersagen gemacht und sich unzählige Male geirrt.

Die Astrologie ordnet jedem Planeten bestimmte Eigenschaften zu, die im Leben der Menschen bestimmte Ereignisse auslösen sollen. Die Planeten drehen ihre Runden, und weil sie sich eines Tages in einem bestimmten Winkel zu der Position befinden, die sie bei Ihrer Geburt einnahmen, hauen Sie sich mit dem Hammer auf den Daumen, kommen mit Ihrem neuen Chef nicht klar, machen trotz verstärkter Bemühungen keine Fortschritte mehr, gewinnen in der Lotterie oder bekommen eine Gehaltserhöhung.

Astrologie ist hier eigentlich nicht unser Thema, aber sie enthält einige Prinzipien, die wir uns beim Studium unseres eigenen Wesens zunutze machen können. Ich möchte Ihnen etwas zeigen, das Sie Ihnen helfen kann, wach und bewußt zu bleiben, während die Roboter um Sie herum weiter schlafen und sich dabei einbilden, zu wissen, was sie tun. Aber vergessen wir eines nicht: Der

Verstand wird Sie permanent bekämpfen, wird Urteile und Meinungen über das Gesagte abgeben, und wenn Sie ihm nachgeben, werden Sie wieder in die Unbewußtheit zurückfallen.

Wir wollen uns hier die Prinzipien von lediglich drei Planeten einmal ansehen: Mars, Saturn und Jupiter. Wenn Sie bewußter werden, werden Sie erkennen, wie die Prinzipien dieser Planeten in Ihrem Leben wirken. Die Astrologen beschreiben den Mars als feurigen, energiegeladenen Planeten, der Unfälle, Gewalt, Feuer, Blut, Haß, Krieg und Wut hervorruft. Mars ist schnell, und seine Energie verletzt wie ein Boxhieb auf die Nase.

Saturn ist ein langsam laufender Planet und verursacht Elend, Not, Kummer, Armut, Verdrießlichkeit und Verzögerungen.

Jupiter repräsentiert das Gegenteil von Mars und Saturn. Er ist der großzügige Wohltäter. Ihm werden Glück, positive Ereignisse, Erfolg, unerwartete Gewinne, das Ende von Verzögerungen, wunderbare Lösungen und so weiter zugeschrieben. Wenn Ihnen ein Teller aus der Hand fällt, ist Mars am Werk, und wenn Sie diesen Teller ein paar Zentimeter vor dem Zerschmettern auf dem Boden auffangen, war Jupiter im Spiel.

Seltsamerweise ähnelt das Glück einer Morphiuminjektion – es macht Sie noch schläfriger. Deshalb sagte einst ein Mann, eher ginge ein Kamel durch ein Nadelöhr, als daß ein Reicher in den Himmel käme. Ein reicher Mann muß viel verlieren, ehe er wirklich zu leiden anfängt und sich nach innen wendet.

Betrachten wir das Leben einmal in bezug auf die Mars- und Saturnelemente. Wenn überhaupt, führen nur sehr wenige unserer Bestrebungen zu den von uns erwarteten Ergebnissen. Ich meine jetzt nicht nur die großen Dinge, sondern alles. Die Dinge, die falsch laufen, sind die Mars- und Saturnelemente in unserem Leben (ich werde sie von jetzt an nur noch das Mars-Element nennen). Der Roboter-Verstand betrachtet diese Dinge als vom Leben getrennte, unzusammenhängende Vorkommnisse, die unsere Lebensfreude beeinträchtigen oder gar zerstören. Es sind Unglücksfälle, schlechte Nachrichten, traurige Ereignisse, grausame Schocks, Rückschläge. Sie lösen Sorgen, Tränen, Wut, Ablehnung, Angst und Unzufriedenheit aus – also die meisten jener Gefühle, die als das Gegenteil von Glück und Zufriedenheit gelten.

Wenn das Mars-Element nicht existieren würde, könnten Sie sich einfach etwas wünschen und würden es sofort erhalten. Es gäbe keine Störungen, keine Konkurrenz, keine Hindernisse, die überwunden werden müßten, nichts was Sie ablenken würde, keine Sorgen, keine Herausforderungen, keine Enttäuschungen, keine Unfälle, keine Krankenhäuser, keine Schmerzen, keine Schuld, keinen Tod.

Erkennen Sie die Absurdität dieser Trennung? Wenn Sie diesen Gedanken bis zur letzten Konsequenz verfolgen, zerstören Sie gedanklich die Realität des Lebens und schaffen etwas, was eigentlich das Paradies sein müßte. Doch das Leben ist Realität – oder wollen Sie das bestreiten? Immer wenn das Mars-Element zuschlägt, geraten Sie in unterschiedlichem Maße in Aufruhr. Wenn es scheinbar abwesend ist, sind Sie glücklich oder fühlen sich ungestört. Wäre das Mars-Element für immer abwesend und würden alle Dinge reibungslos ablaufen, würden Sie sich das vielleicht als das Geheimnis von Glück und Zufriedenheit vorstellen. Das ist offensichtlich. Aber wie wir gesehen haben, würde diese Erfahrung als ein Dauerzustand das Leben, wie der Roboter-Verstand es kennt, zerstören. Die einzige Alternative ist, alles, was geschieht, als ein Teil des Lebens zu akzeptieren und nicht darauf zu reagieren. Das wäre das brauchbare Geheimnis von Glück und Zufriedenheit.

Der Roboter-Verstand verfolgt jedes seiner Ziele mit einer Haltung, als gäbe es keine Störung durch das Mars-Prinzip, als würde das Leben tatsächlich seine Essenz, auf der seine Existenz beruht, zurückhalten. Sie mögen dem entgegnen, daß Menschen doch häufig Hindernisse und Fehlschläge erwarten. Aber das sind Lippenbekenntnisse – sie leben es nicht. Würden Sie aufgrund Ihrer inneren Haltung die stets gegenwärtige Möglichkeit der Manifestation des Mars-Elements anerkennen, könnten Sie niemals in Aufruhr oder in Wut geraten, wenn es zuschlägt.

Sie steigen in das Auto eines Freundes und fahren in der nächsten Kurve seinen Kotflügel zu Bruch. Sie reagieren mit einem bestimmten Maß an Sorge, Angst oder Verzweiflung. Sie sind schockiert, wenn der Mars zuschlägt, sonst würden Sie überhaupt nicht reagieren.

Betrachten Sie sich das einmal genauer, aber suchen Sie nicht nach Widersprüchen. Wenn Sie die Hauptsache sehen, werden die Nebensächlichkeiten, die Ihr Verstand jetzt hochjubeln will, deutlich. Der Verstand ist nämlich Ihr größter Feind. Seine wahre Funktion besteht genau darin, die Wahrheit zu verschleiern.

Sie bauen den Unfall und leiden, weil Sie sich Sorgen machen. Doch wenn Sie sich der Gegenwart des Mars-Elements wirklich bewußt wären, könnten Sie sich gar keine Sorgen machen. Sich zu sorgen oder gedanklich an den Tatsachen des Lebens zu leiden ist lächerlich. Warum machen Sie sich keine Sorgen wegen all der anderen Leute, die heute ihre Autos zu Bruch gefahren haben? Wegen all jener, die einen Arm oder ein Bein verlieren, der Kinder, die verkrüppelt werden, oder der Fünfzigtausend, die an Hunger sterben? Warum machen Sie sich keine Sorgen über alles andere im Leben, das heute irgendwo schiefgeht? Sie können sich nicht über all das Sorgen machen, nicht wahr? Das ist unmöglich.

Sich sorgen ist eine rein selbstsüchtige Angelegenheit. Tatsächlich müssen Sie, um sich zu sorgen oder mental leiden zu können, eine Meinung haben. Sie müssen sagen: „Das ist in Bezug auf mich schlecht." Diese Meinung wird Sie daran hindern, die Wahrheit zu erkennen.

Wenn Sie das Auto kaputtfahren, existiert in Ihrer Erfahrung als einzige Tatsache, daß das Auto kaputt ist. Daß das „schlecht" ist, sagt Ihnen Ihre Beurteilung. Sie mögen vielleicht einwenden, daß die meisten Leute, insbesondere der Autobesitzer, mit Ihnen darin übereinstimmen werden, daß das schlecht ist. Aber das stimmt gar nicht. Viele Leute werden nicht mit Ihnen übereinstimmen. Der Blechschaden ist gut für den Besitzer der Reparaturwerkstatt und für seine Mitarbeiter: Ohne Autounfälle und Pannen hätten sie keine Arbeit. Auch für die Fabrik, welche die Ersatzteile herstellt, ist der Unfall gut; und wenn das Auto einen Totalschaden hat, ist das gut für die Autohersteller und alle ihre Zulieferer. Vielleicht denken Sie, der Unfall sei schlecht für die Versicherungsgesellschaft, aber er ist gut für die Bank, die der Versicherungsgesellschaft Kredit gewährt und von den Zinsen die Gehälter ihrer Angestellten bezahlt. Der Unfall ist auch gut für Post- und Büroangestellte, weil Briefe geschrieben, Dokumente verschickt, Briefmarken aufgeklebt, Telefongespräche geführt werden müssen und so weiter. Tatsächlich scheint der Unfall nur schlecht für den Autobesitzer, die Versicherungsgesellschaft und Sie selbst zu sein. Doch die Versicherung existiert, weil sie aufgrund solcher Risiken Profite macht, und wenn es keine Unfälle gäbe, gäbe es auch keine Versicherungsgesellschaften. Also ist es auch für die Versicherungsgesellschaft nicht schlecht.

Für den Autobesitzer ist der Unfall eine Begegnung mit dem Mars-Element, also mit dem Leben, und er urteilt, daß das Leben schlecht sei, weil der Unfall schlecht für ihn ist. Doch um das Mars-Element aus seinem Leben zu entfernen, müßte es aus dem Leben jedes Menschen verschwinden, und das würde das Ende allen Lebens bedeuten.

Doch wie Sie und alle anderen Menschen, will jeder nur das Schlechte aus seinem Leben verbannen.

Das Leben ist ein Kommen und Gehen, auch ein Kommen und Gehen des Geldes. Es spielt keine Rolle, wofür das Geld ausgegeben wird. Der Blutkreislauf auch Ihres Lebens ist das Kommen und Gehen von Geld. Manche Dinge wie Autounfälle scheinen unnötig zu sein, aber das kommt Ihnen nur so vor, weil Sie an der

Oberfläche leben. Oder ist es schon einmal irgend jemandem gelungen, solche Dinge zu vermeiden?

Die Bewegung, der Fluß des Geldes ist ein ganzheitliches (totales) Grundgesetz des Lebens und nicht auf ein Individuum beschränkt. Es ist wie Ebbe und Flut. Das Wasser läuft ab und hinterläßt unzählige kleine Pfützen und Lachen verschieden großen Inhalts, die es wieder zerstört oder auffüllt, wenn die Flut zurückkehrt. Das ganze Leben beruht auf dieser ständigen, regelmäßigen Bewegung, und die unzähligen kleinen Wasserlachen, welche das Flutwasser enthalten, müssen ständig etwas abgeben, damit die Wasserlöcher auf der anderen Seite des Lebens wieder gefüllt werden und das eine große Leben erhalten bleibt.

Der einzige Grund, weshalb die Beschädigung des Autos für Sie schlecht ist, ist Ihre Angst davor, was der Autobesitzer darüber sagt oder von Ihnen denkt, denn Sie wollen keinen Vorwurf hören und sich nicht schuldig fühlen; Sie wollen das Mars-Element nicht in Ihrem Leben haben. Es ist also nicht wirklich schlecht für Sie – außer in Ihrer Vorstellung.

Um sich vor der Reaktion des Autobesitzers zu fürchten oder sich deswegen unwohl zu fühlen, müssen Sie das, was das Leben ausmacht, von Ihrem Leben trennen. Und das geht nur in der Vorstellung.

Ängste und Sorgen existieren nur in Bezug auf Sie – das Individuum.

Sie können beobachten, daß das, was Ihnen die größte Freude beschert, Ihnen auch den größten Schmerz bereitet.

Sehen Sie, wie dumm es ist, bestürzt zu sein, wenn das Leben bei Ihnen einmal zuschlägt? Um dem Mars-Element, diesem Teil des Lebens, ausweichen zu können, müßten Sie sterben. Nur der Tod könnte Sie davor bewahren, aber Sie (der Roboter-Verstand) betrachten ja die unausweichliche Tatsache des Todes als den schlimmsten Schlag, den das Leben Ihnen versetzen kann.

Um aufzuwachen, um sich selbst und alle Dinge so zu sehen, wie sie sind und nicht, wie Sie sie sich vorstellen, brauchen Sie einen Schock. Irgendetwas muß Sie immer wieder aufrütteln.

Anfangs wird es Ihnen nicht möglich sein, länger als ein bis zwei Sekunden lang bewußt zu bleiben. Es ist eine ungeheure Anstrengung, sich selbst bewußt zu beobachten, während man der Wahrheit oder den Fakten des Lebens ins Auge sieht. Der Schlaf der Unbewußtheit wird Sie übermannen, so wie der gewöhnliche Schlaf einen erschöpften Menschen übermannt und seine Augenlider schwer werden läßt. Doch das Mars-Element des Lebens wird Sie niemals im Stich lassen. Es wird Ihnen einen Schock versetzen.

Immer, wenn der Mars zuschlägt, sagen Sie also zu sich selbst einfach „Mars!" und beobachten Ihre Reaktion. Wenn Sie lediglich „Mars!" rufen und Ihre Reaktion auf das betreffende Ereignis nicht beobachten, verschwenden Sie Ihre Zeit. Wenn Sie nicht sehen, was da im Augenblick der Herausforderung reagiert – wie können Sie erkennen, was Sie sind?

Am Anfang müssen Sie sich auf das Mars-Element verlassen, um aufgeweckt zu werden, aber wenn Sie sich daran erinnern können, sich selbst zu beobachten, wenn Mars gerade nicht zuschlägt, dann ist das sehr gut. Sie dürfen jedoch Ihre Reaktion niemals verurteilen, gutheißen oder werten. Es ist ungeheuer wichtig, daß Sie nur beobachten.

Sie werden auch feststellen, daß Sie nicht mehr mit einem Narren oder einer Närrin zusammenleben können, wenn Sie erst einmal erkannt haben, daß er oder sie ein Narr oder eine Närrin ist.

Unbewußte Menschen trennen das Mars-Element von ihrem Leben, indem sie es in Bezug auf sich selbst als schlecht bewerten. Das verursacht einen Konflikt oder eine Reibung – die Bewertung nämlich, daß ihnen etwas Bestimmtes nicht hätte zustoßen dürfen, ungeachtet der Lebenstatsache, daß es geschehen ist. Der Konflikt oder die Reibung zwischen dem, was ist, und der menschlichen Vorstellung davon, was hätte sein sollen, erzeugt Emotionen, und diese Emotionen sind jene Energien, welche Launen und Stimmungen anheizen.

Nehmen wir einmal an, das gleiche Marsereignis träfe zwei verschiedene Männer. Der eine bleibt innerlich unberührt und ist sich daher der Situation und allem, was sie mit sich bringt, voll bewußt, so daß er in der Lage ist, intelligente Schritte einzuleiten, die vielleicht notwendig sind. Der andere ist wie eine rasende Maschine, völlig unbewußt, weil er nur einen Gedanken auf einmal denken kann und sein Verstand von schwelenden und explodierenden Gefühlen entflammt ist. Er ist unfähig zu intelligentem Handeln und wird so selbst zu einem potentiellen Instrument des Mars-Elements.

Das Mars-Element bedeutet Schmerz, und weder emotionaler noch körperlicher Schmerz ist ein Mysterium: Sein Zweck besteht darin, Sie bewußt werden zu lassen, Sie aufzuwecken. Wenn Sie das erkennen, hat der Schmerz einen Sinn, ansonsten leiden Sie umsonst.

Der unsterbliche Augenblick

Im Zustand der Bewußtheit sehen Sie die Dinge, wie sie sind: Eine kostbare Einrichtung, die das Leben dem Menschen gegeben hat, um der Herrschaft des Roboter-Verstandes zu entkommen. Der Verstand hingegen hat die Angewohnheit, den bewußten Zustand des Gewahrseins so schnell wie möglich wieder zunichte zu machen. Er tut das, indem er urteilt, denn urteilen bedeutet denken.

Wenn Sie sehen wollen, was sich innerhalb eines Zimmers befindet, öffnen Sie die Tür und schauen hinein. Um alles darin genau so zu sehen wie es ist, müssen Sie sich in einem Zustand der Bewußtheit befinden, müssen geistig empfänglich sein, und dieser Zustand ist nur möglich, wenn Sie nicht denken. Sie können Dinge nur sehen, wie sie sind, wenn Sie nicht denken.

All Ihre Meinungen, Abneigungen und die meisten Ihrer Vorlieben beruhen auf gespeicherten Erinnerungen. Sie sind das Resultat vergangener persönlicher Erfahrungen oder haben sich durch Lesen, Hörensagen, Beeinflussung oder Konditionierung eingeprägt. Alles, was Sie erfahren haben, ist Vergangenheit. Was Sie nicht erfahren haben, können Sie nicht wissen.

Es ist eine unausweichliche Tatsache, daß nur dieser Augenblick, das *Jetzt*, in Bezug auf Sie existiert. Jeder Augenblick ist neu. Sobald Sie das Neue durch die Brille der Vergangenheit (Ihre Meinungen) betrachten, ist es nicht mehr neu.

Wenn Sie sagen, daß Sie den Tisch in jenem Zimmer nicht mögen, gibt es zwei Möglichkeiten: Entweder erinnert Sie der Tisch an einen, den Sie in der Vergangenheit gesehen und als unangenehmes Bild in Ihrem Gedächtnis gespeichert haben, oder der Tisch stellt in Ihrer Erfahrungswelt etwas Neues dar. Nun hat der Roboter-Verstand die Angewohnheit, das Neue abzulehnen. Der Verstand haßt Veränderungen, und Sie werden dem Neuen immer Widerstand entgegensetzen, wenn es mit Ihren Meinungen in Konflikt gerät, insbesondere mit dem, was Sie als Ihr persönliches Interesse betrachten.

Häufig stellen Sie auch fest, daß das Neue Sie ziemlich gleichgültig läßt und es Ihnen schwerfällt zu entscheiden, ob Sie es mögen oder nicht. Manchmal ist Ihnen peinlich unangenehm, weil Sie sich keine Meinung bilden können, denn der intelligente Roboter-Verstand erwartet von jedem, eine Meinung zu haben. Doch wenn sich Ihr Verstand an den Anblick des Neuen gewöhnt hat, sei es an das Design eines neuen Autos oder eine neue Mode, werden Sie sich wahrscheinlich sagen hören, daß Sie diese Dinge mögen, oder Sie werden sich eine Meinung bilden oder von anderen übernehmen.

Vor der Einführung einer neuen Mode gewöhnen erfahrene Designer oder Hersteller die Roboter-Öffentlichkeit, indem sie so viele Bilder oder Fotografien der betreffenden Objekte so weit gestreut wie möglich veröffentlichen. Auch Politiker führen nur selten Neuerungen ein, ohne zuvor die Öffentlichkeit mit Hilfe eines lancierten Zeitungs- oder Zeitschriftenartikels daran zu gewöhnen.

Wenn Sie also sagen, daß Sie diese Art Tisch in dem Zimmer nicht mögen, beruht Ihre Meinung entweder auf irgendetwas Vergangenem oder auf mechanischen Denkgewohnheiten Ihres Verstandes. Doch weder das eine noch das andere hat mit Intelligenz zu tun. In der Abneigung drückt sich das Werturteil des Roboters aus, sie ist eine negative Interpretation des natürlichen Zustandes der Präferenz.

Vorliebe für etwas erfordert kein Nachdenken, weil sie der natürliche Zustand ist. Deshalb mögen Sie Dinge, ohne zu wissen, weshalb. Was Sie wirklich meinen, wenn Sie sagen, Sie mögen den Tisch nicht, ist, daß Sie ihn nicht für sich selbst auswählen würden. Sie würden einen anderen vorziehen. Aber es ist in diesem Augenblick nicht an Ihnen, zu wählen: Sie bewerten die Wahl, die Vorliebe eines anderen. Indem Sie das tun, trennen Sie sich von ihm ab, und Trennung bedeutet Disharmonie. Wenn Ihr Augenblick zu wählen gekommen ist, wählen Sie einfach den Tisch, den Sie bevorzugen, ohne die anderen, die Sie stehenlassen, abzulehnen. In diesem Moment sind Sie bewußt, und Ihre Wahl ist keine Wahl.

Sie können sich in Ihrem Leben nur einer Sache sicher sein, und diese eine Sache ist dieser gegenwärtige Augenblick. Der letzte Augenblick ist schon für immer vorbei, der nächste ist noch nicht da.

Sie können nur dann voll bewußt werden, wenn Sie im gegenwärtigen Moment leben. Um damit anzufangen, müssen Sie wissen, daß er existiert und müssen ihn verstehen. Um ihn zu verstehen, müssen Sie ihn in Bezug auf sich selbst und in Bezug auf das Leben beobachten. Wenn Sie ihn verstehen, wenn Sie bewußt werden, werden Sie sehen, daß dieser gegenwärtige Moment alles ist, was existiert. Das zu erkennen bedeutet für einen flüchtigen Augenblick, die Wirklichkeit gesehen zu haben.

Alles, was Ihnen widerfährt – das Gute, das Schlechte und auch das, was Sie gleichgültig läßt, geschieht immer im gegenwärtigen Augenblick. Sie schlafen weiter und bleiben unbewußt, wenn Sie den gegenwärtigen Augenblick durch die Brille eines vergangenen Eindrucks interpretieren. Der Augenblick taucht in Ihrer Erfahrung als Ereignis auf, als Tatsache. Im nächsten Augenblick reagiert Ihr Verstand, indem er einen gespeicherten Eindruck aktiviert und auf das Geschehen des Augenblicks mit Denken antwortet. Sie leben dann in der Vergangenheit, hängen einem Augenblick nach, der bereits vorüber ist. Der gegenwärtige Augenblick, das Neue im Leben, vergeht jeden Moment, aber indem Ihr Verstand an einem vergangenen Moment als Augenblickseindruck festhält, verhindert er, daß Sie das Einzige, das für Sie wirklich existiert, bewußt wahrnehmen.

Das Geheimnis besteht darin, daß der gegenwärtige Augenblick vollkommen ist. Denken ist gleichbedeutend mit Unvollkommenheit und unnötig. Je mehr Sie das Leben in Bezug auf sich selbst beobachten, desto klarer erkennen Sie, daß Sie kaum richtig liegen, wenn Sie über etwas Zukünftiges nachdenken. Die Zukunft existiert nur in der Vorstellung, und deshalb werden Sie nie etwas mit absoluter Sicherheit vorhersagen können – wie intensiv Sie auch versuchen mögen, sich die Zukunft vorzustellen.

Wenn Sie über die Zukunft nachdenken, werden Sie unweigerlich betrübt, wütend oder ängstlich oder hegen Zweifel. Denn Sie greifen auf Ihren Speicher emotionaler Eindrücke zurück, und der führt zu Verwirrung, Besorgnis und Wunschdenken.

Die Irritation über etwas, das Sie in der Zukunft tun müssen, ist der Mißton, welcher entsteht, wenn Sie den gegenwärtigen Moment „beiseite schieben“: Sie verwechseln die Disharmonie, die Sie jetzt spüren, mit Schwierigkeiten in der eingebildeten Zukunft.

Doch seltsamerweise ist im Augenblick des Tuns nichts langweilig oder unangenehm – solange Sie nicht denken.

Nur – wie können Sie für die Zukunft planen, wenn Sie nicht denken? Sie machen Pläne, indem Sie schauen, nicht, indem Sie denken. Sie benutzen das Tatsachen-Gedächtnis und nicht den Speicher emotionaler Eindrücke. Sie planen, indem Sie sich dic relevanten Fakten Ihrer Erfahrung anschauen, und bereits durch dieses Schauen offenbart sich Ihnen alles, was Sie wissen müssen – von Augenblick zu Augenblick.

Um sich beispielsweise an alle Dinge, die Sie besitzen, zu erinnern, müssen Sie nur Ihre Aufmerksamkeit auf sie richten, dann tauchen sie eins nach dem anderen aus Ihrem Gedächtnis auf, ohne daß Sie deswegen denken müßten. Sie können sich nicht im gleichen Augenblick an alles erinnern, was Sie besitzen. Wenn Sie sich fragen: „Was besitze ich?“, läuft der Prozeß folgendermaßen ab: Ihr Verstand ist vorübergehend still, und aus Ihrem Gedächtnis taucht ein Objekt nach dem anderen auf, bis die Reihe abgeschlossen ist.

Beim Plänemachen finden Sie die noch fehlenden Fakten, indem Sie handeln. Dann schauen Sie wieder. Haben Sie einmal eine Entscheidung getroffen oder stellen fest, daß Sie im Augenblick nicht weiterkommen, entlassen Sie die Angelegenheit aus Ihrem Bewußtsein. Denken Sie nicht darüber nach und machen Sie sich keine Sorgen. Bleiben Sie einfach bewußt und schauen von Zeit zu Zeit wieder, ob sich die Situation irgendwie verändert hat.

Jedem Individuum ist in jedem einzelnen Moment nur eine bewußte Handlung möglich. Das Leben kann von Ihnen niemals zwei bewußte Handlungen gleichzeitig fordern. Falls es Ihnen dennoch so vorkommt, existiert eine nur in Ihrer Vorstellung – es ist lediglich Ihr Eindruck von dem, was Sie tun sollten. Der gegenwärtige Moment ist Ihre einzige Aufgabe.

Ihre Pflicht besteht zu jeder Zeit Ihres Lebens darin, von Augenblick zu Augenblick zu tun, was Sie tun müssen. Und was Sie tun müssen, ist das, was Sie unvermeidlich tun müssen. Was Sie nicht vermeiden können, ist das, was Sie tun. Das Leben ist nicht an den Begründungen interessiert, die Ihr Verstand für Ihr Tun liefert. Die Begründungen sind vielleicht richtig oder auch nicht, aber die Tatsachen sind immer richtig, und Tatsache ist, daß Sie tun, was Sie tun. Der Augenblick ist vollkommen, nicht die Erwartung des Augenblicks. Sie tun gedankenlose, dumme, grausame, unehrliche Dinge. Und hinterher fassen entweder Sie selbst oder jemand anders diese Handlungen in Worte, und Sie leiden mental. Sie fragen sich: „Wie konnte ich nur so etwas tun?" Tatsache ist jedoch, daß Sie es getan haben. Sie leiden nur, weil Sie eine Maschine sind, und der Zweck des Leidens besteht darin, Sie wachzurütteln.

Der Augenblick ist Gottes Wille. Das Leben enthüllt sich nur dem bewußten Menschen. Manchmal sehen Sie sich mit dem Mars-Element konfrontiert, das von Ihrem Standpunkt aus betrachtet stets den scheinbaren Konflikt zweier Momente darstellt. Was Ihnen aber als Disharmonie erscheint, ist für das Leben als Ganzes gesehen keine Disharmonie. Die Disharmonie liegt im Verlangen des Roboter-Verstandes, das Leben zu kontrollieren, um es persönlichen Interessen anzupassen – und das ist unmöglich. Aber Sie versuchen es immer wieder.

Wir können Dinge nur schwer aus der Sicht eines anderen Menschen sehen, weil wir die Tatsachen durch den Filter eines Eindrucks oder eines persönlichen Interesses betrachten, der unsere Sicht verzerrt – und dann gibt es Anklagen, Streitereien und Mißverständnisse.

Sie werden bewußter, wenn Sie den Augenblick, in dem Sie getadelt oder beschuldigt werden, dazu nutzen, Ihre Reaktion zu beobachten. Sie werden sich dabei beobachten, wie Sie eine Ausrede vorbringen, nach Gründen suchen. Sie entschuldigen sich, weil Sie nicht gerne beschuldigt werden.

Und die Menschen finden immer eine Ausrede. Wenn die Beweise erdrückend sind und Sie keine Erklärung anbieten können, werden Sie rasch jemand finden, dem Sie Ihre Geschichte erzählen können – aber so zurechtgebogen und verdreht, mit derart falscher Betonung und Lügen darin, daß der Zuhörer mit Ihnen der Meinung sein muß, daß Ihr Handeln gerechtfertigt war.

Jeder Augenblick bietet Ihnen eine Herausforderung, bewußt zu werden. Die Schöpfung hält alle Möglichkeiten und alle Dinge bereit. Vielleicht treffen Sie jemanden, ein Unwetter kann hereinbrechen, Sie können plötzlich Schmerzen bekommen, einen Brief erhalten, etwas verlieren – das ist die Welt des Augenblicks. Niemand kann je wissen, was der nächste Augenblick hervorbringt, weil niemand je all das wissen kann, was er beinhaltet. Das Spiel heißt abwarten und bewußt sein.

KAPITEL 2

Der Mensch ist nicht so komplex, wie er es (mit einer gewissen Befriedigung) oft von sich glaubt. Er ist in dem Sinne komplex, wie eine Dose voller Würmer komplex ist. Für den Beobachter ist es einfach eine Dose mit Würmern. Was diese Wurmdose anstellt, mag vielleicht für die Würmer komplex sein, aber der Beobachter kann ohne genauer hinzuschauen feststellen, daß die Würmer sich drehen und winden – wie man es von einem Haufen Würmer in einer Dose erwartet.

Die Mensch-Maschine

Eine Maschine funktioniert immer auf eine vorherbestimmte Weise. Wenn Sie genügend Kenntnisse über eine Maschine besitzen, können Sie exakt vorhersagen, was die Maschine tun wird. Eine Maschine kann die Grenzen ihrer Konstruktion nicht überschreiten. Sie kann aufhören zu funktionieren oder fehlerhaft funktionieren, aber sie kann ihr Funktionsmuster nicht aus eigener Kraft ändern.

Bäume und andere Pflanzen unterscheiden sich in ihrer Erscheinung, aber in allen laufen die gleichen mechanischen Prozesse ab, und ihre Funktion ist vorhersagbar. Wir können vorhersagen, daß sie Nährstoffe über ein Wurzelsystem aufnehmen, Zweige oder Äste ausbilden, Blätter, Blüten oder Früchte hervorbringen werden.

Die Kuh-Maschine wird Milch geben, wenn man sie füttert, und wenn sie ein Bulle deckt, wird sie in absehbarer Zeit Nachwuchs gebären. Sie wird vor Dingen, die ihr Schmerz verursachen können, davonlaufen, und sie wird Sic angreifen, wenn Sie ihren Nachwuchs bedrohen. Die Hund-Maschine oder die Elefant-Maschine funktionieren, wenn auch mit kleinen Abweichungen, ähnlich. Die Wasser-Maschine, die Licht-Maschine, die Klang-Maschine, die Sonnen-Maschine, die Mond-Maschine, die Erd-Maschine – die Funktion jeder Maschine läßt sich entsprechend unseres Wissens über sie und unter Berücksichtigung des Mars-Elements vorhersagen.

Der Mensch ist eine Maschine, deren Zielrichtung leicht vorhersagbar ist. Er (sie) wird sein Leben immer dem Streben nach Geld, Macht und Prestige widmen. Wenn er etwas von diesen Dingen besitzt und sie dann verliert, ist er unglücklich. Und wenn er denkt, er könnte etwas davon verlieren, macht er sich Sorgen. Wann auch immer seine Wünsche erfüllt werden, ist er glücklich, aber nur, während er über die Erfüllung nachdenkt oder sie erlebt. Ansonsten ist er unzufrieden und ruhelos, weil andere Wünsche nicht erfüllt werden.

Es läßt sich auch vorhersagen, daß er (und besonders sie) wie alle Tier-und Insekten-Maschinen seine (ihre) Jungen bis in den Tod verteidigen wird. Dabei bildet er sich ein, daß menschliche Liebe einen höheren Stellenwert besitzt als die aller anderen Tier-Maschinen (die das gleiche tun, nur ohne den bewußten Willensakt, der den Menschen angeblich motiviert). Die Mensch-Maschine zieht ihre eigenen Jungen den Jungen aller anderen vor und behauptet, das sei natürlich. Dabei versteht sie aber nicht, daß alles Natürliche mechanisch ist.

Die Mensch-Maschine lebt in der Vorstellung, Würde zu besitzen. Der Mensch tut alles nur erdenklich Unwürdige, um das zu beweisen. Dabei versteht er nicht, daß das, was Würde besitzt, diese nicht beweisen muß und sie auch nicht verlieren kann.

Die Mensch-Maschine wird jeden bewußten (erwachten) Menschen kreuzigen, der ihr zu helfen versucht und wird dessen Weisheit in ein leeres, mechanisches Dogma verwandeln, das ihrem eigenen Verständnis entspricht. Sie wird für einen ethischen Verhaltenskodex eintreten, der auf den Lehren jenes Menschen beruht, der keine Maschine war – und sie wird sich nicht im geringsten an diesen Kodex halten, weil eine Maschine weder ihre Funktionsweise ändern noch verstehen kann.

Die Mensch-Maschine fürchtet den Tod, weil eine Maschine nicht über ihre eigene Zerstörung hinaussehen kann. Sie wird auch den Tod anderer betrauern, aber nur solcher, an denen sie hängt, so als ob deren Tod ein unerwartetes Ereignis in ihrem Leben wäre.

Die Mensch-Maschine denkt, daß Abhängigkeit Liebe sei und gerät bei der Aufforderung „Liebet einander“ in Verwirrung. Die Jungen, durch Vorbild und Dressur ebenfalls zu Maschinen gemacht, fragen: „Wie kann jeder jeden lieben?“ – Denn sie haben erkannt, daß niemand es tut, und wissen in ihrem Inneren, daß es unmöglich ist. Aber sie werden weiterhin durch die einfallsreichen Antworten und die Ausreden ihrer Eltern und Lehrer mechanisiert.

Der mechanische Mensch ist ein zusammengesetztes, vom Leben projiziertes Bild, das wie ein strahlendes weißes Licht durch drei separate „Filter“ scheint. Der erste Filter ist für jedes Individuum verschieden. Er setzt sich aus der Erfahrung von Fakten und den Eindrücken zusammen, die sich das Individuum seit seiner Geburt gebildet hat. Und weil jedes individuelle Leben verschieden ist, ist auch die Summe der Erfahrungen jedes Individuums verschieden und verändert sich mit dem Auftreten neuer Eindrücke.

Der zweite Filter ist nicht individuell, und nichts daran verändert sich. Es ist das Verlangen nach Macht, ein mechanischer Antrieb und dazu bestimmt, die menschliche Aktivität über den Wunsch nach Besitz und allem, was mit Macht zu tun hat, aufrechtzuerhalten.

Der dritte Filter verändert sich in jedem Augenblick und besteht aus all jenen Zuständen und Möglichkeiten, die die Schöpfung bereithält. Seine Bewegung von Augenblick zu Augenblick bringt jene Wechselwirkung hervor, die wir „Zeit“ nennen.

Das durch die Filter fallende Licht mischt das Bild des Individuums mit dem mechanischen Wunsch nach Macht und der unerschöpflichen Gelegenheit, ihr zu frönen. Jede Erfahrung, jeder Eindruck und jede Gegebenheit wird zu einem Ausdruck unersättlichen Verlangens umgewandelt.

Einer der bedeutendsten Schritte auf dem Weg der Selbstentdeckung besteht darin, zu erkennen, daß Sie eine Maschine sind.

Nur die wenigen, die wirkliches Wissen besitzen, werden zugeben, daß sie Maschinen sind. Die meisten Menschen, denen man erzählt, sie seien eine Maschine und nahezu alles, wenn nicht überhaupt alles, was sie tun, sei eine mechanische Reaktion auf Einflüsse außerhalb ihrer Kontrolle, werden einen für verrückt erklären.

Bewußtsein

Sie sind, was Sie zu sein glauben. Sie leben, genießen das Leben und leiden gemäß dieses Glaubens. Wahrcheinlich aber können Sie nicht sagen, was Sie zu sein glauben – Sie können nur sagen, was Sie Ihrer Vorstellung nach zu sein glauben.

Die Wahrheit liegt, wie immer, in der Quelle aller Wahrheit – im Leben. Was Sie glauben, das leben Sie – oder Sie glauben es nicht. Ihre Überzeugungen und Glaubenssätze können nie von Ihrem täglichen Leben getrennt sein, und alles, was Sie in Diskussionen und Streitgesprächen als Ihre Überzeugungen zur Schau stellen, ist lediglich das, was Sie Ihrer Vorstellung nach glauben. Der Mensch glaubt in erster Linie, er sei sein Körper, und diese Identifikation mit dem Körper diktiert in der Tat sein Leben und sein Schicksal. Doch wenn Sie nur Ihr Körper sind, dann waren Christus, Buddha, Abraham und all die anderen Propheten Narren. Und wenn Sie nicht Ihr Körper sind – was sind Sie dann? Ihr Körper ist *Ihr* Körper. Wenn Sie sich kneifen, tut es weh. Kneifen Sie jemand anderen, spüren Sie keinen Schmerz. Doch das bedeutet nicht notwendigerweise, daß Sie Ihr Körper sind. Er könnte ein Ausdruck Ihrer selbst sein, wie der Klang ein Ausdruck der Glocke ist. Ist der Klang verhallt, ist die Glocke trotzdem noch da. So ist also Ihr Körper der Ihre, aber er ist nicht unbedingt *Sie.*

Was treibt Sie vorwärts? Was läßt Sie so hart kämpfen? Warum strampeln Sie sich weiterhin ab, wo Sie doch bereits zum Tode verurteilt sind? Es ist das Verlangen, zu existieren. Wenn das Verlangen zu essen oder zu atmen nicht da ist, stirbt der Körper, verfault und vergeht. Nehmen Sie das Verlangen weg, und der Körper existiert nicht. Also existiert der Körper aufgrund des Verlangens. Aber wessen Verlangen?

Wenn Sie schlafen, sind Sie unbewußt, sind Sie abwesend. Sie existieren nur, weil Sie wach werden und das Bewußtsein wiedererlangen. Während Sie schlafen und abwesend sind, muß der Körper atmen, denn er ist ja lebendig, wenn Sie aufwachen. Es ist also nicht *Ihr* Verlangen, das den Körper atmen läßt. Selbst im Wachzustand ist es nicht Ihr Verlangen, das die Atmung aufrechterhält. Nur wenn die Atmung durch irgend etwas beeinträchtigt wird, erscheinen Sie auf der Bildfläche und tun etwas dagegen. Das Verlangen zu atmen ist also nicht das Ihre, sondern das des Körpers.

Auch das Verlangen zu essen ist ein Verlangen des Körpers. Sie beschließen nicht, daß Sie hungrig sind. Sie nehmen zunächst eine unangenehme Empfindung im Körper wahr und werden sich dann bewußt, daß Sie Hunger haben. Genauso funktioniert das, wenn Sie sich gesund oder krank fühlen, wenn Ihnen heiß oder kalt ist. Sie beschließen all diese Vorgänge nicht. Sie selbst treten immer erst nach der Empfindung in Erscheinung und entscheiden dann, welche Schritte Sie unternehmen. Es kann also nicht wahr sein, daß Sie Ihr Körper sind.

Die Begriffe „unbewußt“ oder „unterbewußt“ (auf unseren eigenen Verstand bezogen) haben in der Wissenschaft der Selbsterkenntnis keinen Platz, außer vielleicht den, uns anzuspornen. Sie sagen nur, daß es in Bezug auf uns selbst etwas gibt, das wir nicht wissen; und das können wir nicht hinnehmen, denn das Unbekannte könnte unsere Freiheit und Unsterblichkeit beinhalten.

Bisher hat noch kein Mensch einen unbewußten Verstand in sich entdeckt. Was wir entdecken, ist Unbewußtheit im Sinne eines Mangels an Selbsterkenntnis. Wenn Sie sich des unbewußten Verstandes bewußt werden, ist er nicht mehr unbewußt. Und sind Sie sich seiner nicht bewußt, sind das nicht Sie. Alles zwischen diesen beiden Aussagen liegende ist entweder eine teilweise beobachtete Tatsache oder eine Theorie. Ganz offensichtlich existiert aber etwas, das Ihre Handlungen bestimmt, eine Quelle, die Ihre Wünsche und Ihre Motivation speist. Wenn Sie nicht wissen, was das ist, und offensichtlich es ist nicht dieses „Sie“, das Sie Ihrer Vorstellung oder Überzeugung nach sind, dann muß es das unentdeckte „wahre Sie“ sein. Wenn Sie das als „den unbewußten Verstand“ bezeichnen, ist das nur eine andere Art zu sagen, daß Sie nicht ganz da sind. Dieser Ausdruck wird gewöhnlich als Ausrede für Unwissenheit gebraucht und soll etwas erklären, das Sie in diesem lebendigen Augenblick nicht erfahren.

Wenn Sie das Leben der Pflanzen erforschen wollen, müssen Sie die Pflanzen studieren. Wenn Sie den Verstand erforschen wollen, steht Ihnen dafür nur ein Verstand zur Verfügung – Ihr eigener. Sie können nicht den Verstand eines anderen Menschen wie eine Pflanze studieren. Sie stellen sich nur vor, daß Sie es könnten. Wie angestrengt Sie auch suchen, Sie werden keinen anderen Verstand finden. Sie werden nur einen anderen Körper finden.

Das Wirken Ihres eigenen Verstandes können Sie in Ihrem Körper beobachten, aber um einen „Verstand“ außerhalb Ihres eigenen zu studieren, müssen Sie auf Ihren mentalen Eindruck von Ihrem körperlichen Eindruck zurückgreifen, den Sie vom Eindruck eines anderen Körpers über dessen Verstand haben. Das ist die inakzeptable Basis aller psychologischer Wissenschaft, die den Verstand anderer Individuen studiert.

Alles besitzt Bewußtsein, weil alles über Wissen verfügt. Wo kein Wissen ist, ist kein Ding. Ohne einen Wissenden (ein Bewußtsein) existiert kein Wissen und auch keine Wissenschaft.

Um existieren zu können, muß ein Ding zuerst das Wissen besitzen, als es selbst funktionieren können. Wenn das Bewußtsein nur das Wissen eines Wurms besitzt, erscheint es als Wurm. Wenn es das Wissen eines Hundes besitzt, als Hund. Solange es nur das Wissen eines Wurms besitzt, wird es sich immer wie ein Wurm verhalten. Ein Bewußtsein wird immer nur seinem Wissen gemäß in Erscheinung treten und sich verhalten. Wenn man das Verhalten eines „Dings“ studiert, studiert man sein Wissen. Kann man herausfinden, was es weiß, kann man sein Verhalten vorhersagen, und genau das tut ein Wissenschaftler.

Der Mensch ist das einzige „Ding“ mit der Fähigkeit, sein eigenes Wissen oder seine eigene Funktion vollständig zu kennen. Die eigene Funktion kennen heißt sich selbst kennen. Nur selten kennen Männer und Frauen sich selbst, doch wie alle anderen Wesen und Dinge besitzen sie verschiedene Grade einer Selbsterkenntnis, und dieser jeweilige Grad entspricht dem Wissen, das als Funktion und als Verhalten in Erscheinung tritt.

Jetzt wird uns klar, wieso der Mensch das lebt, was er glaubt. Er funktioniert entsprechend seinem Wissen über sich selbst. Wenn er seine Funktion nicht kennt oder kein Wissen über sich selbst besitzt, ist er unbewußt und kennt sich selbst nicht.

Wenn Sie nicht wissen, was Sie wissen, bedeutet das, daß Sie nicht bewußt sind.

Bewußt zu sein bedeutet, Bewußtsein zu sein: Der Wissende, der Träger allen Wissens. Wissensinhalte ändern sich, Bewußtsein jedoch kann sich nicht ändern. Das Bewußtsein, der Wissende in Ihnen, kann nicht erkannt, wohl aber erfahren werden. Sie können Bewußtsein jetzt in diesem Augenblick erfahren, indem Sie bewußt die Tatsache wahrnehmen, daß Sie existieren. Der Unterschied zwischen dieser und allen anderen Erfahrungen besteht darin, daß sie unabhängig von irgendeinem Zustand oder Objekt gemacht wird. Es ist die einzige vollkommen unabhängige Erfahrung, zu der der Mensch fähig ist.

In diesem kurzen Augenblick werden Sie feststellen, daß Sie überhaupt nichts wissen müssen. Sie müssen nicht einmal wissen, daß Sie existieren. Sie sind einfach. Oder, wie Sie zu sich selbst sagen würden: „Ich bin“.

Sie können diesen Zustand nicht aufrechterhalten, weil Sie anfangen zu denken – nicht an etwas Bestimmtes, aber Ihr Geist schweift aufgrund einer Assoziation ab, die von außen über einen Ihrer Sinne angeregt wurde. Sie denken, Sie werden zu diesem Gedanken, und die Bewußtheit oder der Zustand reinen Gewahrseins ist verloren.

In dieser Schöpfung sind die Dinge so eingerichtet, daß jeder Zustand das Gegenteil eines anderen darstellt. Da gibt es heiß und kalt, hoch und tief, Geburt und Tod, rein und unrein, grob und fein und so weiter. Wo man die Bewegung des Lebens erkennen kann, scheint es sich stets vom gröberen zum feineren, vom unreinen zum reinen Zustand hin zu bewegen. Diese ewige, selten verstandene Entwicklung kennt der Mensch als Hoffnung.

Das Wissen folgt diesem Gesetz. Am einen Ende ist es grob, am anderen verfeinert. In Bezug auf die Existenz könnte am tieferliegenden Ende das Wissen stehen, das ein Stein besitzt. In Bezug auf den Menschen könnte das tieferliegende Ende das Wissen eines Rohlings, das höhere Ende das Wissen eines Christus oder Buddha sein.

Das höchste Wissen, das ein Mensch besitzen kann, ist jenes, das in seiner eigenen Erfahrung wahr ist. Ist seine Erfahrung begrenzt, ist es auch sein Wissen, und er wird sich entsprechend verhalten. Ein Rohling von Mensch kann nicht die gleiche Erfahrung gemacht haben wie ein Buddha. Aber ein Buddha muß einst die gleiche Erfahrung wie der Rohling gemacht haben, sonst gäbe es keine Entwicklung. Das höchste Wissen muß auch das verläßlichste sein, andernfalls würde das Gesetz in sich zusammenbrechen.

Wenn jemand Ihnen sagt, daß es regnet, und Sie hinausschauen und sehen, daß es nicht regnet, sagen Sie, daß es nicht regnet. Es spielt keine Rolle, wieviel Autorität die betreffende Person besitzt – Sie können nicht vom Gegenteil überzeugt werden, weil

Sie in diesem Augenblick die Tatsachen aufgrund Ihrer eigenen Erfahrung kennen. Sie wissen es genauso sicher wie Sie wissen, daß Sie existieren, und das ist die höchste Gewißheit aller Erfahrung.

Die Fähigkeit, die Sie benutzt haben, ist die der Logik. Sie sind von der ersten Tatsache ausgegangen – Ihrer gegenwärtigen Erfahrung. Die Logik kümmert sich immer zuerst um das Wichtigste. Vielleicht sagen Sie dann, Sie wüßten, daß es nicht regnet, weil Sie bei Regen immer naß werden, jetzt aber trocken sind. Wenn Sie anfangen, die Fakten Ihrer vergangenen Erfahrung zu verwerten, greifen Sie auf Ihre Fähigkeit zur Vernunft zurück. Wenn die Vernunft sich vom gegenwärtigen, lebendigen Augenblick in weiter entfernt liegende Erfahrungen wegbewegt, wird sie zur Vorstellung, und die Wahrscheinlichkeit von Irrtümern steigt enorm an. Die Vernunft verbindet den Menschen mit dem Tatsachen-Gedächtnis, die Vorstellung verbindet ihn mit dem Gedächtnis der Eindrücke.

Etwas aufgrund eigener Erfahrung zu wissen – so wie Sie wissen, daß Sie existieren – erfordert keine Vorstellung. Sie müssen einfach nur beobachten. Sie benötigen kein Wissen von außen, keine Techniken, keine Talente, welche die Welt bewundert, keine Autorität, keinen Universitätsabschluß, keine Bücher, keine Unterstützung. Sie brauchen nichts als die einfache, wunderschöne Erfahrung des Alleinseins (das Gegenteil von Einsamkeit).

Tatsachen sind immer einfach. Das Problem besteht darin, daß wir die Tatsachen mit unserem Verstand betrachten, der immer den Weg der Vorstellung wählt – bis er zur Ruhe gekommen ist. Der Verstand weiß, daß er ein Meister der Imagination und ein Sklave der Fakten ist. Er wird Sie auf Ihrem Weg zur Selbsterkenntnis unablässig bekämpfen. Und warum nicht? Er ist schließlich der einzige Feind.

Ihr Gedächtnis ist mit unzähligen Erfahrungen angefüllt, mit einem wimmelden Durcheinander von unzusammenhängenden

Bruchstücken, die bis in die Kindheit zurückreichen. Doch wenn über ein bestimmtes Thema gesprochen wird, zeigen sich nur die absolut relevanten Einzelheiten im Bewußtsein, und die drücken Sie dann aus.

Sie treffen einen Menschen, den Sie seit zwanzig Jahren nicht mehr gesehen haben. In der Sekunde, die es braucht, seine Hand zu schütteln, erinnern Sie sich an seinen Namen und die meisten Dinge, die Sie über ihn wissen und gemeinsam erlebt haben. Das ist ganz sicher ein Wunder. (Vielleicht haben wir das nie als solches wahrgenommen, weil wir meistens viel zu sehr damit beschäftigt sind, nach dem Wunderbaren Ausschau zu halten.)

Dieses Wunder ist das einigende Prinzip der individuellen Erfahrung in diesem Leben. Sie haben wahrscheinlich schon gehört, daß es das „Ego" genannt wird.

Ein „Prinzip" ist ein fundamentales Element, das demonstriert, aber nicht definiert werden kann. „Einigend" bedeutet eine Reduzierung auf die Einheit, was im Hinblick auf das Zeitphänomen Kontinuität bedeutet.

Dieses Prinzip einigt all Ihre individuellen Lebenserfahrungen zu dem einen erstaunlichen, klaren zusammenhängenden Lebensausdruck, der Sie sind.

Verlangen

Wir haben gesehen, daß der Hunger wie das Atmen ein Verlangen des Körpers ist. Das Verhalten des Menschen offenbart, daß er sich mit diesem Verlangen identifiziert, weil er sich nie bemüht hat, den Ursprung von Hunger und Atmung zu beobachten. Es gibt noch anderes Verlangen, andere Bedürfnisse, die nicht körperlich sind, doch wieder hält der Mensch nur selten inne, um dieses Verlangen in sich zu beobachten.

Für uns, die wir die Beobachter unseres Selbst sind, kann es nie einen verborgenes Verlangen oder eine verborgene Motivation geben. Solange wir uns selbst beobachten, kann nichts Verborgenes zum Vorschein kommen, ohne entdeckt zu werden, und nichts kann im Verborgenen getan werden, weil wir (die Meister) stets präsent sind.

Wenn Sie irgend etwas tun wollen, muß ein Wunsch, ein Verlangen existieren. Sobald ein Verlangen in Ihrem Bewußtsein aufsteigt, existiert es, und Sie können es sehen. Sie können es beobachten – denn Sie selbst sind dann dieses Verlangen.

Motivation ist immer die Aktivität eines Wunsches, und ein Wunsch produziert stets die eigene Energie für seine Erfüllung. Diese Energien werden durch einen Konflikt erschaffen, und der Konflikt entsteht dadurch, daß man Bestehendes verändern will. Sie können sich z.B. wünschen, ins Kino zu gehen, aber die Wunsch-Energie-Aktivität setzt erst in dem Augenblick ein, in dem Sie sich wünschen, etwas Bestehendes zu verändern, und zwar jetzt in diesem Augenblick. Was ist, existiert nur in jetzt diesem Augenblick. Morgen ist, was sein könnte. Gestern ist, was war. Das primäre Verlangen ist der Wunsch nach Selbsterhaltung. Sie stoßen an ein heißes Bügeleisen. Sie ziehen sofort die Hand zurück, diese Reaktion läuft ohne Denk- oder Entscheidungsprozesse ab. Der Körper hat den Drang, sich selbst zu schützen, also zieht er sich von der annormalen Hitze zurück, die ihn sonst verletzen oder zerstören würde. Das gleiche gilt für annormale Kälte. Wenn die Hand an etwas außergewöhnlich Kaltem wie dem Boden einer Gefriertruhe kleben bleibt, ist der Verstand sich zunächst nicht sicher, ob die brennende Empfindung von Hitze oder Kälte herrührt. Für den Körper sind beide Empfindungen gleich. Er zieht sich also einfach schnellstens von allem zurück, was ihn zerstören könnte. Der Beweggrund ist das Verlangen nach Selbsterhaltung, und der Körper agiert dabei ohne Ihre Unterstützung, Ihr Denken oder Ihre Wünsche.

Ein Beispiel für einen Eingriff in das Verlangen des Körpers: Wenn Sie versuchen, Ihren Atem über das Denken zu steuern, wird er unregelmäßig. Riecht der Körper giftige Gase in der Luft, versucht er, diesen zu entkommen. Ohne Geruchssinn könnte er zerstört werden. In derselben Weise sind auch alle anderen Sinne Teil eines Verteidigungssystems – sie dienen der Selbsterhaltung. Die Tiere verhalten sich genauso, auch wenn sie im Unterschied zum Menschen nicht versuchen, durch Denken in das System einzugreifen.

Der Mensch hat die Angewohnheit, die Dinge in Bezug auf seine persönlichen Interessen zu sehen. Wenn Sie eine Schlange sehen und sie nur in Bezug auf Ihren Wunsch nach Selbsterhaltung wahrnehmen, werden Sie diese Schlange nicht so sehen, wie sie ist. Ihnen werden die prächtigen, kunstvollen Zeichnungen und Muster auf ihrer Haut entgehen, der kalte und doch strahlende Glanz, das Wunder ihrer schlängelnden Bewegungen, die Klarheit ihrer Augen, die nervöse Bewegung ihrer feinen, gespaltenen Zunge. Eine Schlange ist etwas Schönes, wenn Sie sie als das betrachten, was sie ist – das heißt als das Geschöpf an sich (natürlich erst, nachdem Sie Ihren Wunsch nach Selbsterhaltung entsprechend erfüllt haben). Schönheit ist kein Interessenobjekt – Schönheit ist einfach.

Sie sind auf dem Weg zu einer geschäftlichen Verabredung. Sie nehmen die Abkürzung durch den Park. Da Ihr Interesse sich im Augenblick auf diese Verabredung konzentriert, sehen Sie die Bäume und die Blumen nur in Bezug auf diese Verabredung und geben acht, daß Sie nicht gegen einen Baum rennen oder über Büsche oder Blumen stolpern. Die Schönheit, die Sie umgibt, entgeht Ihnen. Schönheit existiert in allem, was erschaffen ist, wenn Sie Ihre Interessen beiseite lassen und die Dinge sehen können, wie sie sind. Wie sonst glauben Sie, könnten Sie Schönheit sehen, wenn Sie es nur – in den seltenen Augenblicken Ihres geschäftigen, mit Gedanken angefüllten Tages tun?

Schönheit ist – trotz Ihnen.

Ein Baum wird seine Wurzeln sehr tief in die Erde treiben, falls nötig, selbst unter einer Straße hindurch, um Feuchtigkeit und Nährstoffe zu finden. Er hat das Verlangen nach Nahrung, und deshalb lebt oder existiert er. Ist der Boden an manchen Stellen durch Ölreste verschmutzt, werden seine Wurzeln diese meiden. Wenn Sie immer wieder ein Stück einer Wurzel abhacken, wird sie in eine andere Richtung weiterwachsen. Wenn Sie einen Schnitt in die Baumrinde machen, gerinnt der Saft aus dem Inneren um die Wunde herum wie Blut. Daraus können Sie ersehen, daß der Baum die elementaren Sinneswahrnehmungen des Riechens, Schmeckens und Berührens in sich vereint. Aufgrund unserer tatsächlichen Erfahrung können wir sagen, daß diese Sinneswahrnehmungen des Riechens, Schmeckens und Berührens hauptsächlich mit dem Drang nach Selbsterhaltung eines jeden Organismus in Verbindung stehen – ganz gleich, ob es sich um einen Menschen, ein Tier oder eine Pflanze handelt.

Auf den Wunsch nach dem Selbsterhaltung folgt der Drang des Organismus oder der Spezies nach Macht. Bäume sind offensichtlich nicht in der Lage, zu sehen oder zu hören, wohl aber Tiere. Die Sinne zum Sehen und Hören sind der Beginn des Machtstrebens, und weil Tiere über diese Sinne verfügen, herrscht unter ihnen ein natürliches Streben nach Führerschaft oder nach der Herrschaft des Stärkeren.

Hier nun tauchen Sie auf, da wo der Mensch beginnt. Das Verlangen nach Macht um der Macht willen steht am Anfang der Entwicklung des mechanischen Menschen, des Roboters.

Macht

Sie sind ein Ausdruck des Verlangens nach Macht. Ihr ganzes Leben widmen Sie diesem Verlangen. Alle Ihre Bestrebungen und Ihr Ehrgeiz zielen darauf ab, es zu befriedigen. Wenn Sie sich vorstellen, dieses Ziel zu erreichen, sind Sie glücklich, scheitern Sie, sind Sie unglücklich.

Der Körper hat kein Verlangen nach Macht. Er hat nicht einmal ein Verlangen nach Gesellschaft. Er will sich nur wohl fühlen, und dazu gehört auch körperliche Bewegung (wenn der Körper danach verlangt). Er braucht Wasser, Nahrung, Luft und ein paar andere einfache Dinge, um sich wohl zu fühlen. Wenn es ihn juckt, kratzt er sich, ohne daß Sie dazu eine Entscheidung treffen müßten, sogar im Schlaf. Es ist also nicht der Körper, den es nach Macht gelüstet, sondern Sie sind es. Falls Sie daran zweifeln, daß das Streben nach Macht fast Ihr ganzes Leben beherrscht, sollten Sie sich fragen, was Ihnen die größten Sorgen und Qualen bereitet.

Der Verlust eines geliebten Menschen kann Ihnen Qualen verursachen, aber diese werden das Streben nach Macht nicht lange beeinträchtigen. Sie werden feststellen, daß Sie nichts so sehr fürchten wie den Verlust von Macht in Gestalt einer bestimmten Position, in Form von Besitz, Prestige und Dauerhaftigkeit – mit anderen Worten: Der Verlust Ihrer Macht als Individuum ist der Tod.

Um Macht genießen zu können, müssen Sie sie in Bezug auf sich selbst, den Mächtigen, und jemand anderen, den Machtlosen oder den Beeindruckten, sehen. Ihr Verlangen nach Macht wird teilweise befriedigt, wenn jemand Sie lobt, verehrt, Ihnen gehorcht, Ihnen dient, für Sie arbeitet, Sie zitiert, etwas von Ihnen borgt oder Ihnen zuhört.

In Ihrer Vorstellung sind Sie auch mächtiger als jemand anderer, wenn Sie ihm etwas berichten können, das er nicht weiß oder wenn Sie der erste sind, der eine wichtige Neuigkeit verkündet, oder wenn Sie in jemandes Abwesenheit über dessen Fehler oder Exzesse sprechen, insbesondere im Vergleich zu Ihrer eigenen Moral und Achtbarkeit.

Ihre Motive für das Machtbestreben sind im Hinblick auf das Streben selbst sekundär und eingebildet. Das Streben an sich ist die Tatsache, Ihre Motive sind die Rechtfertigungen für diesen andauernden Drang, den Sie nicht erklären können. Der Drang ändert sich nie, die Motive, Gründe und Ausreden jedoch sind unerschöpflich.

Bei jungen Menschen besteht das von allen gutgeheißene Motiv in dem Wunsch, die Herausforderung des Lebens anzunehmen, nach Ruhm und Glück zu streben. Ist der Mensch dann in eine verantwortliche Position aufgestiegen, verfolgt er genau die gleichen Ziele, bezeichnet sein Motiv nun jedoch als „Pflicht". Von Zeit zu Zeit taucht eine aufregende Herausforderung auf, er vergißt seine Ausreden oder Motive und gibt sich seinem Streben nach Erfolg oder Macht mit Begeisterung hin, auch wenn ihn eine innere Neigung davon abhält, sich zurückzuziehen. Allmählich macht sich eine gewisse Ermüdung, ein Überdruß bemerkbar, der jedoch schnell unterdrückt werden muß.

Während der mittleren Jahre wird „Sicherheit" oder etwas Ähnliches zum Motiv des Machtstrebens. Im Alter schließlich, wenn der Drang nach Macht selbst alt geworden ist und seine Stärke (nicht aber seine Bösartigkeit) verloren hat, häufen sich die Augenblicke, in denen der Mensch sich fragt: „Wozu habe ich all das getan? Was habe ich gewonnen?" Aber dann ist es zu spät, denn bald wird alles, was gewonnen wurde, vom Tod hinweggenommen.

Es nützt Ihnen nichts, einen Goldschatz zu besitzen, wenn Sie allein auf einer verlassenen Insel sind. Gold oder Geld hat nur einen Wert in Bezug zu dem, was man dafür kaufen kann – einschließlich Respekt. Wenn Sie eine reiche und reich bevölkerte Insel geerbt hätten, aber taub und blind zur Welt gekommen wären, würden Sie aus der Macht kein Gefühl der Begeisterung oder des Erfolgs empfinden. Sie müssen Ihre Besitztümer oder die damit einhergehende Macht übersehen können. Sie müssen die Macht Ihrer Autorität sehen oder hören können.

Der Gesichtssinn und der Gehörsinn markieren den Beginn dessen, was wir als Intelligenz bezeichnen, die beim Menschen die Fähigkeit zur Vernunft und die Vorstellungskraft einschließt. Ohne den Gesichts- und Gehörsinn besitzt der Mensch kaum eine derartige Vorstellungskraft, und ohne diese gibt es kein Verlangen nach Macht. Sie können nur nach etwas verlangen, das Sie sich vorstellen können.

Angst

Angst existiert nur in der Vorstellung.

Die Gewalt der Einbildungskräfte sind so mächtig, daß es dem Menschen sehr schwer fällt, Angst (oder die Falschheit der Einbildung) zu überwinden. Er versucht, seine Vernunft einzusetzen, aber nur wenige Individuen haben damit Erfolg. Die Vernunft ist ein Zwerg gegen den Riesen der Vorstellungskraft, welcher die arme geschäftig dahinschlürfende Roboter-Welt in Ketten hält.

Sowohl die Vorstellungskraft als auch die Vernunft sind Aktivitäten des Egos, jenes Prinzips, das alle Ihre Erfahrungen in diesem Leben vereinigt. Der einbildungskräftige Aspekt des Egos besteht darin, daß jedes Verlangen mit dem Gefühl und der festen Überzeugung verfolgt wird, daß Sie dauerhaft existierten – daß „es mir nicht passieren kann". Aber es passiert Ihnen. Es wird Ihnen passieren. Es gibt keine offensichtlichere Tatsache als den Tod, aber der Tod scheint keine Rolle zu spielen.

Von Augenblick zu Augenblick stellen Sie sich vor, daß Sie für immer existieren werden, und so identifizieren Sie sich mit diesem Verlangen. Aber nur das Verlangen ist dauerhaft, nicht Sie.

Wenn Sie gezwungen sind, den Tod in Beziehung zu sich selbst zu sehen, fürchten Sie ihn. Ein Chirurg, der den Tod in Bezug zu einem auf einem Operationstisch liegenden Körper sieht, spürt diese Angst nicht. Aber er spürt sie, wenn er gezwungen ist, sich mit der Tatsache seines eigenen Todes zu konfrontieren.

Doch trotz allem ist es nicht der Tod, den Sie fürchten. Denn Sie können keine Angst vor etwas haben, das Sie nicht kennen, und Sie wissen nicht, woraus Tod besteht. Sie fürchten den Tod, weil Sie wissen, daß er Ihnen alles nehmen wird – Ihre Macht, Ihre Stellung, Ihr Prestige, Ihren Besitz, alles, was Sie Ihrer Vorstellung nach sind.

Angst ist kein Faktum. Sie ist eine Vermutung.

Angst ist Ihre ständige Begleiterin, die gnadenlos die Peitsche schwingt. Die erdrückendste und stets gegenwärtige Angst ist die Furcht davor, „was die Leute sagen könnten“. Sie haben Angst, wenn Sie darüber nachdenken, daß Sie Ihr Leben, Ihre Macht oder Ihren Besitz verlieren könnten. Aber in den Momenten, wo Sie das alles tatsächlich verlieren, haben Sie keine Angst mehr. Sie leben stets in Angst, denken, stellen sich Dinge vor – bis zum Moment des Handelns.

Kein Mensch fürchtet sich, wenn er nicht denkt, sondern stets bewußt ist.

Die Angst eines Soldaten vor der Schlacht kann größer sein als die Angst davor, was seine Kameraden über ihn sagen würden, wenn er versuchte, sich zu drücken. Die Armee weiß aus Erfahrung, daß so etwas Männern passieren kann, die Zeit zum Nachdenken haben, und deshalb zielt die Ausbildung darauf ab, die Soldaten zu unmittelbarem Gehorsam zu drillen, so daß ihnen kein Augenblick zum Nachdenken bleibt.

Der Körper kennt keine Angst, er hat nur das Verlangen nach Selbsterhaltung im Augenblick einer Bedrohung. Dann handelt er im Rahmen seiner begrenzten Möglichkeiten. Das Ego, das einigende Prinzip, beschützt den Körper im Augenblick der Gefahr. Doch das Problem dabei ist, daß Sie beim Kontrollieren Ihrer Sinne Ihr Gedächtnis, Ihre Vorstellungskraft und Ihre Vernunft einsetzen, um Ihren Körper zu schützen, bevor der Augenblick der Gefahr eintritt. Sobald der plappernde Schimpanse im Kopf etwas sieht oder hört, taucht er in einen Dschungel von miteinander verbundenen Vorstellungen ein, die in unbegrenzter Zahl im Gedächtnis gespeichert sind. Wenn Sie sich wegen einer bestimmten Sache Sorgen machen, wird Ihr Geist jede Assoziationmöglichkeit benutzen, um Sie immer wieder darauf zurückzubringen. Er wird unendlich viele Möglichkeiten vorbringen. Die meisten davon wären für Sie ungünstig oder schlecht, weil Sie beunruhigt oder verstimmt sind und das Schlimmste erwarten. Das ist die nie endende Agonie des Sich-Sorgen-Machens.

Wenn Ihr Verlangen nach Macht, Prestige, Besitz und Dauerhaftigkeit enden würde, würde nicht Ihr Körper sterben. Nur Ihre Angst würde sterben.

Glauben

Glaube ist Wissen. Wenn die Leute meinen, das stimme nicht, liegt es daran, daß sie oberflächlich sind und sich nur auf den Sandbänken ihrer selbst aufhalten. Und wenn sie einmal innehalten, um in das sie umgebende tiefe, kristallklare Wasser zu blikken, nehmen sie kaum mehr wahr als die illusionären Phänomene des auf seiner Oberfläche tanzenden Sonnenlichts.

Verlassen Sie sich jederzeit auf Ihren Glauben. Es ist Ihr Glaube an die Welt, der Ihnen hilft, jeden neuen geschäftigen Tag zu überstehen. Das Problem dieses weltlichen Glaubens ist jedoch, daß er Irrtümern und dem Mars-Prinzip unterworfen ist.

Wahrer Glaube bedeutet, sich selbst zu kennen.

„Glaubet", rufen die Priester und Prediger. Genauso gut könnte man einem satten Menschen „Sei hungrig" und einem, dessen Herz schwer vor Trauer ist, „Sei glücklich" zurufen.

Glaubet? „Aber ich habe keinen Glauben", sagt vielleicht ein Mann zu sich selbst, wenn sein ahnungsloses Kind ihn fragt: „Was ist Glauben? Wie mache ich das?"

Kein Mensch kann den oder das Glauben erklären. Er kann allenfalls sagen: „Vertraue mir" oder die Bibel zitieren (wobei diese Worte sicher nicht zitiert würden, wenn man die Wahrheit wirklich leben würde).

Tatsache ist, daß man niemandem auffordern kann, zu glauben. Vielleicht sagen Sie, daß Sie nicht an Gott, Jesus Christus oder irgendeine andere Gottheit glauben. Aber das heißt ja nur, daß Sie Konzepte zurückweisen, die Ihnen von Kindesbeinen an präsentiert wurden. Keinen Glauben zu haben bedeutet lediglich, daß die in anderen Köpfen entstandenen Konzepte für Sie inakzeptabel sind. Und das sollten sie auch sein. Sie können Wahrheit nicht „lernen“, Sie müssen sie durch eigene Erfahrung entdekken. Ihr Unglaube oder Agnostizismus ist nichts anderes als eine Zurückweisung vorgefertigter Ideen.

Alles Wissen, aller Glaube ist jetzt, in diesem Augenblick, in Ihnen vorhanden. Deshalb habe ich gesagt, daß Sie mir nicht glauben sollen. Wenn Sie nach innen gehen und sich selbst durch stilles Beobachten und Wahrnehmen kennenlernen, werden Sie diese Wahrheit erkennen, und die Wahrheit wird Sie vom Zweifel befreien. Niemand kann Ihnen eine Weisheit oder Wahrheit sagen, die nicht bereits direkt unter der Oberfläche dessen, was Sie als Ihren bewußten Verstand bezeichnen, auf ihre Entdeckung wartet. Schon ein wahres Wort, eine Veranschaulichung der Wahrheit kann das schlummernde Wissen an die Oberfläche bringen.

Es gibt Leute, die Worte großer Weisheit dramatisch vortragen können, ohne sie jemals selbst zu verstehen, denn ihre Worte müssen mit dem übereinstimmen, was sie selbst in ihrem Innern entdeckt haben.

Sie selbst können Ihren Glauben oder Ihr Wissen nur daran messen, was Sie leben oder durch Ihr Handeln zum Ausdruck bringen. Alles andere ist Einbildung

Die Welt ist voll von „Ich-Gläubigen“, die wirklich glauben, daß sie glauben.

Professionelle „Ich-Gläubige“ (z.B. Politiker und Medienleute) wissen, daß sie Lügner und Wichtigtuer sind. Aber was ist mit den anderen? Wenn Sie einen „Ich-Gläubigen“ mit einer Frage festnageln, um herauszfinden, ob er seinen Glauben lebt, wird er nach Ausflüchten suchen und lügen, wenn dies nicht der Fall ist. In die Enge getrieben, wird er empört erklären: „Ich weiß, was ich glaube!“

Für Sie gibt es zwei Arten von Ehrlichkeit. Die eine, an die Sie glauben, und die andere, die Sie leben. Sie können am Kodex, zu dem Sie sich bekennen, nicht festhalten, weil Ihre Ehrlichkeit sich mit nahezu jeder Herausforderung verändert. Weil Sie sich aber dieser Tatsache nicht bewußt sind, entschuldigen Sie Ihre Inkonsequenz mit der Erklärung, daß Ihr Handeln „durch die Umstände gerechtfertigt worden sei“ – was nur ein anderer Ausdruck der Unehrlichkeit ist.

Für die Mensch-Maschine liegt in solchen Geboten wie „Du sollst nicht töten, Du sollst nicht betrügen, Du sollst nicht lügen“ keine Wahrheit – wie gut das alles auch klingen mag. Moralischer Glaube ist etwas Unbewegliches in einer Welt sich ständig verändernder Wünsche und Begierden; er verleugnet die Realität menschlichen Lebens.

„Du sollst nicht lügen“ – aber Sie lügen, um die Person, die Sie wirklich sind, zu verbergen. Man soll Sie mögen oder respektieren, oder Sie wollen sich den Anschein geben, mehr Macht oder Prestige zu besitzen, als Sie tatsächlich haben – und ehrlicher zu sein, als Sie es sind. Wenn ein Fremder auf Sie zukäme und Ihnen sagen würde, daß Sie ein Lügner sind, daß Sie betrügen, täuschen, anderen Schlechtes wünschen, unfreundlich und grausam sind und Ihre Leidenschaften nicht kontrollieren können, würden Sie sich wahrscheinlich vehement verteidigen. Würde der Fremde dann noch etwas tiefer bohren, würden Sie wahrscheinlich noch ein bißchen mehr lügen und Ausflüchte machen – und das alles, weil Sie sich zu einem Ehrlichkeitskodex bekennen, den Sie nicht leben. Weil jeder das tut, erwartet es auch jeder. So wird die Lüge schließlich zur Lebensweise.

Es gibt eine dauerhafte, unwandelbare Ehrlichkeit, aber um die können Sie nicht wissen, solange Sie sich nicht über die Mensch-Maschine erhoben haben, die nicht lebt, was sie zu glauben vorgibt.

KAPITEL 3

Schon vor Ihnen hat eine Milliarde Männer und Frauen ihr Wühlen in der Vergangenheit kurz unterbrochen und mit unergründlicher Intensität geseufzt: „Wohin gehe ich? ... Was hat das alles für einen Sinn?“

Aber sie erhielten keine Antwort.

Bevor Sie aus Ihrem dunklen Loch herauskommen können, müssen Sie zunächst einmal wissen, daß Sie in der Falle sitzen.

Dann haben Sie eine Chance.

Jenseits der Vernunft

Was bleibt, wenn Ängste und Wünsche vergangen sind? Das können nur Sie herausfinden. Und gleichzeitig werden Sie dabei herausfinden, ob Christus, Buddha und all die anderen Propheten Narren waren.

Wenn es Gott gibt, kann er auch erfahren werden – jedoch nur von Ihnen selbst. Alle biblischen Propheten könnten auf einen ganzen Stapel von Bibeln schwören, daß Gott existiert, doch würde Sie das einer Gotteserfahrung kein Stückchen näherbringen.

Falls Sie Gott bereits durch Anbetung in einer Kirche oder einem Tempel, durch Rituale und Zeremonien oder religiöse Glaubenslehren gefunden haben, dann ist es gut. Wenn Sie aber nicht wissen, ob Gott existiert und eine unerklärliche Sehnsucht verspüren, lassen Sie uns jetzt versuchen, die Wahrheit gemeinsam zu entdecken.

Wir wissen, daß wir existieren, weil wir das in jedem Augenblick erfahren können. Wenn Ihnen jemand erzählt, daß er ein Gespenst gesehen hätte, werden Sie – wie sehr Sie vielleicht auch an die Existenz von Gespenstern glauben möchten – das solange nicht wirklich als Tatsache akzeptieren, bis Sie mit eigenen Augen ein Gespenst sehen, bis Sie es selbst erfahren.

Der andere Weg, über den wir Dinge akzeptieren, ist die Ratio, die Vernunft – unsere Fähigkeit, eine sinnvolle Verbindung zwischen Fakten herzustellen. Wir leben unser Leben in der rationalen Annahme, daß die Post kommen wird, daß der Zug eintreffen wird und daß wir morgen am Leben sein werden, um einen heute gefaßten Entschluß zu verwirklichen. Aber die Post oder der Zug kommen vielleicht nicht, und Sie könnten in der Nacht sterben. Zwar sind solche Dinge unwahrscheinlich, daß sagt Ihnen Ihre Vernunft, aber sie geschehen – in jeder Minute, irgendwo. Eine rationale Annahme muß das Unwahrscheinliche ignorieren. Wie Sie aus eigener Erfahrung wissen, erkennen nur wenige Menschen das Element des „Unwahrscheinlichen" in ihrer Art zu leben an, sonst würden unerwartete Ereignisse nicht so viele Menschen wie ein Schock treffen.

Rationale Annahme – unser Lebensweise – ist unvollkommen. Aber Gott, falls er denn existiert, muß vollkommen sein und jenseits aller Vernunft existieren.

Die Vernunft ist ein mächtiges Instrument, aber sie befindet sich immer noch unterhalb des bewußten Gewahrseins, des reinen Erfahrens, jenes Zustandes, in dem Sie sich befinden, wenn Sie wissen „Ich existiere" oder „Ich bin".

Tatsache ist, daß etwas, bevor Sie es nicht selbst erfahren, für Sie nicht existiert. Alles andere existiert zunächst in der Vorstellung und dann in der rationalen Annahme. Aber Ihre ist unzuverlässig, und die rationale Annahme ist unvollkommen.

Falls Gott existiert, müssen Sie Gott im gegenwärtigen Augenblick erfahren, sonst sind Sie abwesend, und Gott kann für Sie nicht existieren.

Um über die Vernunft hinauszugehen, müssen wir die Leiter der Vernunft bis zur höchsten Sprosse hinaufklettern und uns über sie stellen. Das wird die Vernunft nicht übermäßig aufregen, denn sie ist nur an der Zusammenfügung von Fakten interessiert, ganz gleich, um welche es sich handelt. Die Vernunft ist ein Werkzeug, auf das man sich jederzeit verlassen kann, die Vorstellung hingegen ein Narr, der jederzeit versagen kann. Ganz oben auf der Leiter sind bewußtes Gewahrsein oder reine Erfahrung – ist Ihre Grenze und vielleicht der Anfang des Göttlichen.

Vorstellungs- oder Einbildungskraft steht ganz weit unten, ist weit zurückgelassen. Sie endet, wo die Ratio beginnt. Um bis an Ihre eigene Grenze zu gehen, müssen Sie jedes Bild, jegliche Vorstellung und alles, was Sie jemals über Gott gelesen oder gehört haben, hinter sich lassen.

Zunächst einmal ist Gott nicht in dem Sinne gut, wie Sie „das Gute" kennen. Wenn Sie denken, Gott sei gut, so ist das Ihre Vorstellung – Sie machen sich etwas vor. Vollkommenheit ist in dieser Welt ganz offensichtlich nicht das Ziel, denn wenn der Schöpfer eine vollkommene Welt für uns gewollt hätte, dann wäre sie vollkommen.

Es kann in einer Unvollkommenheit kein dauerhaftes Glück geben, demnach ist „Glück" nicht das Ziel des Schöpfers – wie Sie vielleicht bereits festgestellt haben.

In Bezug auf den Schöpfer kann es innerhalb der Schöpfung keine Zufälle geben – oder sie ist nicht die Schöpfung des Schöpfers. Gott der Schöpfer ist, falls er existiert, auch der Schöpfer von Mord, Selbstmord, Krankheiten, Wahnsinn, Folter und Zerstörung. Gott vernichtet das unschuldige Kind, den demütigen Heiligen, den liebevollen Ehemann, den ergebenen Sohn, die hingebungsvolle Tochter, den weisen und guten Führer. Gleichzeitig läßt Gott den Mörder, den Grausamen, den Gnadenlosen, den Ausbeuter, all das sogenannte „Böse" leben. Also ist Gott nicht in dem Sinne gut, wie Sie „gut" verstehen.

Was gut ist, muß mit Sicherheit vom jeweiligen Ziel abhängen. Doch Sie kennen das Ziel des Schöpfers nicht, und deshalb wissen Sie nicht, was gut ist. Wenn Sie einen Krieg führen, ist alles, was Ihnen siegen hilft, gut, und jeder Rückschlag ist schlecht. Bitten nicht „Gottes-Männer" auf beiden Seiten Gott darum, die

Schöpfung zu segnen, indem Gott für ihre Seite Gutes tut? „Gutes“, das für die andere Seite schlecht ist. Und gleichzeitig wünschen sie das Schlechte über ihren Feind, was dann ebenfalls gut wäre. Da zeigt sich die ganze Dummheit menschlicher Vorstellungskraft. Indem der Roboter-Mensch sich einbildet, seine Lebensziele seien von den Zielen allen Lebens der gesamten Schöpfung getrennt, muß sein „Gut“ und „Schlecht“ für immer diesem wahnsinnigen Muster der Widersprüchlichkeiten folgen.

Vom Standpunkt des Schöpfers aus muß das Gute gut für die gesamte Schöpfung sein, und jedes individuelle Ding und Wesen muß existieren, um zum übergeordneten Ziel beizutragen – völlig unabhängig von seiner persönlichen Vorstellung von „gut“.

Was ist, ist am besten.

Und falls Gott nicht existiert, falls es keinen übergeordneten Zweck und kein übergeordnetes „Gutes“ in Bezug auf die gesamte Schöpfung gibt, spielt es ohnehin keine Rolle. Viele Mystiker haben gesagt – und es ist wahr –, daß alles, was sie sehen, nicht Gott ist. Alles, was man denken kann, kann nicht Gott sein, und ebenso wenig sind Visionen, Lichterscheinungen, sich bewegende Objekte oder irgend etwas anderes Gott. Keine Empfindung und kein Gefühl ist Gott. All das sind Produkte der Schöpfung oder Ihrer Vorstellungskraft. Vielleicht haben Sie Visionen, machen mediale Erfahrungen und finden das sehr aufregend. Sie werden denken, daß Sie Fortschritte machen, aber tatsächlich geht es nur bergab, wenn Sie sich mit solchen Dingen beschäftigen. Sie geraten auf eine falsche Fährte, die Ihnen die Phänomene der Schöpfung oder Ihre Vorstellungskraft gelegt haben. Wenn Sie den Schöpfer erfahren, können Sie sicher sein, daß es keinen Raum für Zweifel gibt.

Viele Menschen und Bücher werden Ihnen von medialen Erfahrungen berichten. Diese Erfahrungen existieren – jedoch nur als Teil der Schöpfung. Wenn Sie darüber sprechen möchten, werden Sie immer genügend Zuhörer oder Ratgeber finden, aber Gott selbst befindet sich weit jenseits von all diesem, und Gott ist unser Ziel. Der Schöpfer muß jenseits unserer fünf Sinne erfahren werden, und das einzige Instrument, das diese Erfahrung auf diese Weise, für Sie, machen kann, sind Sie selbst – im Zustand gedankenfreier Bewußtheit, in welchem Sie feststellen „Ich bin"!

Anfangs scheint es so, als würde Sie die gesamte Schöpfung behindern, ja versuchen, Sie davon abzuhalten, den Schöpfer zu erfahren. Es liegt in der Natur der Sache, daß nur hartnäckige, unbeugsamer Individuen sich befreien und Gott erfahren können. Die neugierigen Massen schaffen es nie. Später werden alle Umstände den Mutigen helfen und sie nicht mehr behindern.

Auf dem Weg zu Gott müssen Sie die Schönheit durchqueren – die reine Schönheit. Kommen Sie nicht durch die Schönheit, dann ist es nicht Gott, was Sie finden. An der Pforte des Himmelreichs steht die Schönheit. Sie kommt vom Schöpfer, doch sie ist nicht der Schöpfer. Aber sie ist allmächtig.

Schönheit ist das einzige nicht Erschaffene, das Sie außerhalb von Gott erfahren können. Sie erfahren Schönheit, wenn Sie einen Sonnenuntergang betrachten, das Meer oder den Wald anschauen, und wenn für den kürzesten Moment in Ihrem ganzen Wesen etwas Unbeschreibliches geschieht. Dann ist es vorbei, und egal wie intensiv oder wie lange Sie das schöne Objekt noch betrachten mögen, die Schönheit kehrt nicht zurück. Sie wenden sich ab und schauen plötzlich, ohne zu denken, irgendwann wieder hin. Und wieder berührt Sie die Schönheit im tiefsten Innern – und wieder ist es vorbei. Aber die Schönheit ist nicht verschwunden. Schönheit „ist" und ist immer da. *Sie* sind abwesend. Und warum sind Sie abwesend? Was trennt Sie von dieser unbeschreiblichen Ekstase, dieser Liebe, dieser Wahrheit, diesem Frieden? Diese Dinge müssen immer gegenwärtig sein, denn andere Menschen erfahren sie genauso flüchtig in Augenblicken, in denen sie Ihnen verborgen sind.

Auch hier ist das Problem wieder Ihr Roboter-Verstand! Er wird nicht still bleiben, und Sie können ihn nicht zur Ruhe bringen. Er beherrscht Sie und trennt Sie von der Schönheit und von Gott. Schönheit kann nur von Augenblick zu Augenblick erfahren werden, man kann sie nicht im Gedächtnis behalten oder willentlich herbeiholen. Auch Bewußtheit können Sie nur von Augenblick zu Augenblick erfahren, jenen höchsten Zustand, wenn es kein Ziel, keinen Grund, keinen Gedanken gibt und kein Handeln stattfindet. Um also Schönheit, Liebe, Wahrheit und Frieden oder Gott erfahren zu können, muß Ihr Geist still werden.

Vorstellungen sind meistens Wünsche, die nicht mit Zielen oder Handlungen oder der Absicht zu handeln verbunden sind. Wenn Sie tatsächlich aufgrund Ihrer Vorstellungen oder Phantasien handeln, geschieht das meist impulsiv, und fast immer fallen Sie dabei auf die Nase. Am häufigsten erfahren Sie das in persönlichen Beziehungen.

Den größten Teil Ihres privaten Lebens bringen Sie damit zu, sich Dinge vorzustellen. Sie wünschen, sorgen sich und bauen auf Eindrücke. Einbildung herrscht immer dort, wo Sie Motive unterstellen, Beleidigungen wittern, sich auf etwas verlassen, das irgend jemand Ihnen über irgend jemand anderen erzählt hat und wo Sie darüber nachdenken, was jemand mit dem Tonfall seiner Stimme gemeint hat. Sie können zu neunzig Prozent sicher sein, das Reich der Einbildung zu betreten, wenn Sie die Worte „wenn" und „sollte" benutzen.

Planung ist der Einsatz der Ratio im Hinblick auf ein Ziel und eine Absicht zu handeln. Wenn Sie einen Plan machen, präsentiert Ihre Vernunft Ihnen die Fakten, auch wenn sie noch nicht in Handlungen umgesetzt wurden. Sie gehen davon aus, daß Ihre Absicht oder Ihr Plan innerhalb eines vernünftigen Rahmens durchgeführt wird. Sobald Sie sich in den Bereich jenseits der rationalen Annahme bewegen, sinken Sie auf die Ebene der Vorstellungen ab. Hier verläuft in der Welt die Grenzlinie zwischen einer intelligenten und einer unintelligenten Person, zwischen einem geschätzten Mann, der seine Füße auf dem Boden hat, und dem Narren, der nebulösen Vorstellungen nachjagt, sich sorgt, bis er krank wird und das auf seine „Nerven“ schiebt.

Denken bedeutet, Eindrücke mit Tatsachen zu verwechseln. Vernunft erfordert kein Denken. Wenn Sie sich dabei beobachten, wie Sie einen Plan machen, werden Sie feststellen, daß nach Festlegung Ihres Zieles die Fakten einfach auf Sie zukommen und sich zu einer Kette beabsichtigter Handlungen zusammenfügen. Wenn Sie sich aber in Vorstellungen ergehen und sich damit von rationalen Annahmen wegbewegen und auf Eindrücke verlassen, werden Sie feststellen, daß Sie auf etwas außerhalb, etwas von sich Entferntes bauen. Sorgen haben kein Ziel. Sie bilden sich nur ein, Sie hätten eines. Sich zu sorgen ist höchst unbefriedigend, und Sie wissen, daß es dumm ist – selbst wenn Sie gerade dabei sind, sich Sorgen zu machen.

Bewußtheit bedeutet, von Augenblick zu Augenblick Erfahrungen zu machen. Bewußtheit beginnt dort, wo Vernunft mit Ziel und Handlung verbunden ist. Vernunft handelt im bewußten Zustand schnell, tausendmal schneller als das Denken, und Sie merken nicht einmal, daß sie am Werk ist. Autofahren ist ein Beispiel dafür.

Sie befinden sich immer im Zustand der Bewußtheit, wenn Sie lieben, was Sie tun. Sie sind dann die ganze Zeit über bewußt, denn die Liebe hält Sie wach und im Einklang mit Ihrem Handeln. In diesem Zustand sin Sie auch kreativ, obwohl die Bewußtheit abnimmt, wenn Sie sich an Ihre Tätigkeit gewöhnen. Dann fangen Sie wieder an zu schlafen.

Haben Sie Ihr Ziel erreicht, läßt sich der Augenblick des Erfolgs nicht festhalten. Dieser Augenblick ist ein Teil der Schöpfung, also existiert er in der Zeit und muß vergehen – so wie alles innerhalb der Schöpfung sterben muß, damit der nächste Augenblick geboren werden kann.

Der Augenblick, auf Sie bezogen, ist das letzte erschaffene Phänomen. Dieser Zustand der Bewußtheit dauert so lange wie die Handlung. Ist sie abgeschlossen, fangen Sie an zu denken und verlassen den Zustand der Meditation, der gleichbedeutend mit Bewußtheit ist.

Verdeutlichend läßt sich sagen, daß es einen weiteren Zustand der Bewußtheit gibt. Daß es sich um die Vernunft handelt, die mit einem Ziel, aber nicht mit einer Handlung verbunden ist. Das Ziel ist der Zustand selbst; es löst sich in der Erfahrung des Zustandes auf. In diesem Zustand der Bewußtheit befinden Sie sich in dem Augenblick, in dem Sie erfahren, daß Sie existieren – wo Sie dieses „Ich bin" erfahren.

Diese Erfahrung bringt das Denken vorübergehend zum Stillstand. Sie ziehen all ihre Fähigkeiten in sich selbst zurück, Sie meditieren über den Augenblick und erfahren „Ich bin". Aber nur für einen Augenblick. Sie befinden sich immer noch in der Zeit und in der Schöpfung, und deshalb muß der Augenblick, in dem Sie Ihr Ziel erreicht haben, wieder vergehen. Aber im Augenblick der Erfahrung gibt es keine Vernunft, kein Ziel, und keine Handlung – nur „Ich bin".

Diese Erfahrung spielt sich an der Grenze zu reiner Bewußtheit ab. Könnten Sie diesen Zustand festhalten, würde selbst das „Ich bin" verschwinden. Sie würden sich in der Stille am Rande der Zeit und für den Bruchteil einer Sekunde am Gipfel des Bewußtseins aufhalten. Direkt jenseits davon beginnt Gott, das Zeitlose oder das Unerschaffene – jenseits des Augenblicks, des letzten erschaffenen Phänomens. Wenn Sie beginnen, in diese Bewußtheit einzutreten, können Sie nur gerade lange genug in diesem Zustand bleiben, um die Erfahrung „Ich bin" zu machen. Sie können diese Erfahrung wiederholen, aber sie wird denoch weniger als einen Augenblick andauern und dann vergangen sein. Ihr unsteter, unablässig Wünsche produzierender Geist kann diesen Zustand nicht festhalten. Wenn Sie denken, Sie könnten es, sollten Sie noch einmal hinschauen ... Sie stellen sich das nur vor. Sie werden erkennen, daß Sie – obwohl Sie sich in einem Zustand ohne offenbare Gedanken befinden – sich Ihrer Umgebung nicht bewußt sind. Es ist, als würden Sie in den Raum starren – Sie sind nicht bewußt, Sie sind abwesend und sich Ihrer Existenz nicht gewahr.

Gott können Sie nur nahekommen, wenn Sie sich die Mühe machen, sich darauf vorzubereiten. Um das Unerschaffene zu erfahren, muß der Zustand der Bewußtheit mehrere Minuten lang bewahrt werden. Können Sie ihn erst ein paar Minuten lang halten, können Sie es auch für Stunden, und wenn Sie den Zustand stundenlang bewahren können, können Sie es dauerhaft. Sie befinden sich dann zwischen der Zeit und dem Zeitlosen, auf das Unbekannte wartend, das kommen wird, aber nicht mit dem Willen herbeigeholt werden kann.

Sie werden dann verstehen, weshalb ein Mann einst sagte: „Ich bin in dieser Welt, aber nicht von dieser Welt." Hier angekommen können Sie nicht nur „Ich bin", sondern „Ich bin Gott" erkennen und verwirklichen.

Wille und Verlangen

Können Sie Ihr Verlangen nach Geld verwandeln, so daß es verschwindet und niemals zurückkehrt? Oder Ihr Verlangen nach Macht oder Prestige, denen Sie so eifrig hinterherjagen? Sie können es nicht. Und in was würden Sie es denn überhaupt verwandeln? In den Wunsch, immer ehrlich zu sein? Natürlich können Sie sagen, daß Sie sich nicht ändern wollen. Was bedeutet, daß Sie es also nicht wünschen. Aber das heißt nur, daß Sie die Wünsche begehren, deren Erfüllung Sie die ganze Zeit bereits verfolgen. Sie können sich nicht verändern, solange Sie wünschen. Ihre stärksten Wünsche diktieren, was Sie tun. Sie sind der kleine Schlüssel, der Sie wie einen Spielzeuggockel aufzieht, welcher dann ein paar Minuten herumrennt und sich einbildet, er täte, was er wolle. Gleichzeitig bildet er sich ein, ehrlich zu sein, weil er doch jenem mechanischen Gesetz gehorcht, das seine ganze Existenz ausmacht. Sie mögen einwenden, daß Sie ja auch Dinge tun, die Sie nicht zu tun wünschen. Aber das ist wiederum nur ein Beispiel für Ihre Einbildung und Ihren Mangel an Selbsterkenntnis. Indem Sie zu existieren verlangen, müssen Sie auch mit all dem fertigwerden, was dieser Wunsch mit sich bringt.

Wenn Sie irgend etwas entsagen, entsagen Sie in Wirklichkeit nichts. Entsagen ist ebenfalls eine dem Verlangen entspringende Reaktion und Teil des ursprünglichen Begehrens. Wenn Sie etwas entsagen, ändern Sie nur die Richtung Ihres Verlangens, während die Triebfeder Ihres Handelns die gleiche bleibt.

Sie können Ihr Verlangen nicht ändern. Die Wünsche ändern sich selbst, wenn folgende Umstände vorliegen: Sie wurden erfüllt, sie scheinen nicht mehr länger zu befriedigen oder es taucht eine alternative Möglichkeit zur Wunscherfüllung auf, sobald Sie erkennen, daß das Verlangen falsch ist oder so viel Schmerz verursacht, daß der Wunsch, diesen zu vermeiden, das ursprüngliche Verlangen ersetzt.

Das grundlegende, triebhafte Verlangen nach Macht läßt sich niemals erfüllen. Aber es kann aufhören zu existieren, wenn Sie das meiste von dem, für das Macht steht, erfahren und in einem unbeschreiblichen Augenblick der Erkenntnis erkennen, daß es nichts ist und daß alles, dem Sie ein Leben lang allein hergejagt sind, eine Straße ist, die ins Nirgendwo hinführt.

Ein Mann fällt von einem Schiff ins kalte Meer und schwimmt die ganze Nacht herum, bevor er gerettet wird. Man kann sich kaum vorstellen, was ihn so lange durchhalten ließ. War es Willenskraft? Nein. Es war Wunschkraft. Sein Wunsch zu überleben war stärker als sein Wunsch, aufzugeben.

Ein Geschäftsmann verliert sein gesamtes Vermögen durch ein finanzielles Desaster, beginnt wieder von vorne, arbeitet vierzehn Stunden am Tag, sieben Tage pro Woche, und hat sein Geschäft in drei Jahren wieder aufgebaut. War es Willenskraft? Nein. Es war Wunschkraft. Sein Wunsch, erfolgreich zu sein oder Geld und Macht zu besitzen, war stärker als sein Wunsch, ein guter Familienvater oder Ehemann oder sonst irgend etwas zu sein.

Eine stark übergewichtige Frau, die für ihre Gefräßigkeit bekannt ist, beginnt eine Diät und hat nach drei Monaten eine wohlproportionierte Figur erreicht. Willenskraft? Nein. Wunschkraft. Ihr Wunsch, nicht fett zu sein, war stärker als ihre Eßgelüste.

Wunschkraft ist nichts Negatives, denn sie ist das Leben selbst. Aber Wunschkraft ist nicht Willenskraft.

Wunschkraft ist leicht zu identifizieren: Sie werden sich stets vorstellen, etwas zu gewinnen, wenn Sie sie einsetzen. Je größer die Wunschkraft, desto größer Ihr Bemühen oder das Opfer, das Sie bringen. Doch weil sich das in jedem Individuum unterschiedlich ausdrückt und auch die Wege zur Erfüllung dieser Wünsche von Mensch zu Mensch verschieden sind, entwickelt vielleicht ein Individuum dort eine ungeheuer starke Wunschkraft, wo es ein anderes nicht tut. Sie werden bemerken, daß wir nicht von Willenskraft sprechen, wenn ein Mensch das Leben eines Anderen rettet. Wir sagen, er war tapfer oder furchtlos. Wenn er es ohne zu überlegen tut, ist es ein Akt der Liebe, aber wenn er denkt, bevor er handelt, tut er es, weil er sich vorstellt, daß es „ihm etwas bringen wird" – selbst wenn nur sein Wunsch, nicht als Feigling dazustehen, stärker war als sein Wunsch, sich aus der Sache herauszuhalten. Ein Mensch, der überlegt, wird sich nie in eine Situation begeben, die den sicheren Tod bedeutet, um einen anderen zu retten. Wenn er es dennoch tut, ist er überzeugt, daß er es schaffen und überleben wird. Die Entwicklung des Menschen von einer Maschine zu einem bewußten Menschen hängt davon ab, ob er die Prinzipien von Willenskraft und Liebe entdeckt und zu verstehen lernt. Hat er verstanden, was Willenskraft ist, führt das zum Verstehen des Prinzips der Liebe.

Wille ist eine Kraft, die Wünsche oder Verlangen überwindet. Willenskraft ist Gleichgewicht, die Abwesenheit von Verlangen oder Reaktion. Alles, was ausgeglichen ist, befindet sich im Gleichgewicht, im Ruhezustand. Das Leben wird von Willenskraft zusammengehalten. Wunschkraft oder Verlangen manifestieren sich in allen lebenden Wesen und erreichen im Menschen ihren höchsten Ausdruck, aber sie vermögen das Gleichgewicht dessen, was ist, nicht im geringsten zu beeinflussen. Jedes einzelne Wesen, das wünscht, stirbt eines Tages und wird unweigerlich ausgelöscht. Das Leben jedoch geht weiter, unberührt und gelassen. Welche Kraft das Leben auch immer zusammenhält, sie muß die Wunschkraft oder das Verlangen offensichtlich überwunden haben.

Die durch Wunschkraft erzielten Resultate sind greifbar und beneidenswert. Im Gegensatz dazu wird sich heraustellen, daß Sie durch den Einsatz von Willenskraft nichts Wünschenswertes erreichen werden. Die Mensch-Maschine kann keinerlei Gewinn daraus ziehen. Willenskraft kann nur in Ihnen selbst ausgeübt werden. Sie läßt sich nach außen niemandem oder irgendetwas zufügen, nicht einmal dem eigenen Körper. Wenn Sie das zu tun versuchen, wird es Wunschkraft sein, die Sie benutzen. Willenskraft ist eine Energie – die brauchbarste und feinste Energie im menschlichen Organismus, doch auch die erste, die durch z.B. feurige Wut und andere hitzige emotionale Reaktionen zunichte gemacht wird. Sie zapfen die Willenskraft an und beginnen damit das Verlangen oder die Wunschkraft zu überwinden, wenn Sie Ihre Wut oder Ungeduld beobachten und lächeln können; wenn Sie die Emotion loslassen, absterben lassen können, weil Sie ihre Sinnlosigkeit erkennen. Willenskraft bedeutet nicht Unterdrückung, die ja lediglich eine aus dem Verlangen hervorgehende Reaktion ist. Die Fähigkeit, Willenskraft einzusetzen, hängt zunächst einmal davon ab, wie wachsam und präsent Sie sind, wenn die betreffende Emotion tatsächlich in Ihnen aufsteigt. Zweitens hängt sie von der Fähigkeit ab, der Emotion dadurch entgegenwirken zu können, daß Sie sich mit Ihrem Verlangen identifizieren und daß die Emotionen falsche Forderungen an Sie stellt.

Kein Verlangen ist individuell. Verlangen ist das Stampfen der Herde, der unbewußten Masse. Das Verlangen des Körpers nach Nahrung ist das Verlangen aller Körper – was bedeutet, daß das Verlangen an sich nicht individuell ist. Aber Sie werden darauf beharren, Ihre Individualität mit dem ganz allgemeinen Streben nach Macht, Besitz, Status oder Prestige zu verknüpfen. Nur das unmittelbare Verstehen dieses falschen Anspruchs, den diese Wünsche auf Sie als ein Individuum erheben, kann Sie in die Lage versetzen, sich von den Wünschen zu distanzieren und sich ohne Frustration von ihnen zu befreien.

Um zu entdecken, was Willenskraft ist, können Sie zweckmäßigerweise einmal davon ausgehen, daß nahezu jeder, den Sie kennen, sich außer Ihnen selbst sich in einem ewigen mechanischen Kreislauf bewegt. Alle glauben mit einer Überzeugung, die so stark wie das Leben selbst ist, daran, daß dies die einzig praktikable Art zu leben ist. Und Sie schließen sich ihnen entweder an oder schwimmen gegen den Strom, das aber werden die anderen spüren. Um mit der Herde zu laufen, bedarf es keiner Willenskraft, sondern nur der Wunschkraft und davon nicht einmal sehr viel. Jeder, der stolpert, wird mitgeschleift. Wunschkraft besitzt jeder. Doch die Willenskraft ist darunter vergraben. Bis Sie anfangen zu erkennen, wieviel Schmerz und Sinnlosigkeit ein von Wunschkraft bestimmtes Leben mit sich bringt, wird die Willenskraft im Verborgenen vergraben und außerhalb Ihrer Kontrolle bleiben. Ihr Wirken beginnt sich das erste Mal bemerkbar zu machen, wenn ein Mensch innehält, für einen kurzen Augenblick von der Identifikation mit der geschäftigen Welt zurücktritt und seufzt: „Wohin gehe ich? Was hat das alles für einen Sinn?" Falls das in leidvollen Zeiten, in Augenblicken der Frustration oder des Verlustes geschieht, wird es nicht viel zur Folge haben. Aber wenn es zu ganz verschiedenen Zeiten geschieht, insbesondere in Augenblicken des Erfolgs und Gewinn, ist der betreffende Mensch bereit. Und das nächste Zeichen dieser Kraft sehen Sie, wenn Sie erkennen, daß Sie nicht frei sind und daß Sie – Sie allein – dafür verantwortlich sind.

Liebe und Verlangen

Wie kommt es, daß Sie nicht wirklich lieben? Und daß Sie es vermissen? Warum müssen Sie denen, die Sie lieben, Ihre Liebe so oft vortäuschen?

Liebe ist, etwas von sich selbst zu geben. Ihre Besitztümer sind nicht Sie selbst, also ist es nicht Liebe, davon abzugeben. Ihr Haus, Ihre Lebensmittel, Ihr Geld sind nicht Teil Ihres Wesens. Daher ist es nicht Liebe, etwas davon zu verschenken. Haben Sie viel Geld, können Sie viele Dinge verschenken. Besitzen Sie aber kein Geld, können Sie nichts verschenken. Doch auch der Obdachlose ohne Besitztümer hat die Möglickeit zu lieben und zu geben.

Wenn Sie Ratschläge erteilen, geben Sie von Ihrer Erfahrung ab. Wenn Sie Ihre Meinungen von sich geben, geben Sie von Ihrem Stolz. Wenn Sie sagen „Ich liebe Dich", so ist das Ihr Atem. Wenn Sie für andere arbeiten, sie ernähren, kleiden, ihnen ein Heim geben, sie erziehen, arbeiten Sie zunächst einmal für sich selbst. Wenn Sie jemandem Ihre Zeit schenken, müssen Sie sie woanders wegnehmen, und Nehmen kann nie zu einem Geben werden. Sie geben einfach Ihre Liebe, sagen Sie? Nein, das tun Sie nicht. Die Henne und das Mutterschwein tun für ihre Nachkommen genauso viel. Sie haben keine Liebe zu geben, und deshalb wissen Sie, daß sie nicht lieben. Und doch können sie lieben ..., aber nur für den Augenblick. Liebe ist wie alles andere ständig in Bewegung und doch gleichbleibend konstant. Der Mensch stellt sich vor, daß er Liebe in sich hat und macht daraus eine statische Angelegenheit, wie aus der Ehrlichkeit. Und ist dann schockiert, wenn er erkennt, daß er nicht liebt. So fängt er an, jene, die er „liebt", und – was noch schlimmer ist – sich selbst zu belügen.

Die Liebe des Menschen ist in Wahrheit Verlangen. Und Verlangen bedeutet stets, daß man etwas bekommen möchte. Der

Mensch stellt sich vor, seine Liebe sei etwas, das er gibt, aber das ist ein Trugschluß.

Wenn Männer und Frauen einander lieben, drückt sich das als ein Verlangen aus, zusammen zusein, zusammen zu leben. Ihr Verlangen läßt ihnen keine Ruhe, bis sie zusammen sind. Und sie bilden sich ein, daß so ihr Verlangen erfüllt wird. Auch wenn sie es später leugnen, anfangs stellen sie sich vor, daß diese Erfüllung einen dauerhaften Zustand des Glücks und der Zufriedenheit mit sich brächte. Andernfalls würden sie einander nicht lieben oder ein gegenseitiges Verlangen spüren. Doch Verlangen ist der Wunsch, etwas zu bekommen, und das bedeutet, daß sie nehmen und nicht geben. Beide empfangen das wunderbare Gefühl der Liebe. Aber woher kommt es? Die Liebe selbst schenkt es ihnen.

Die Liebe ist eine Kraft, ein mächtiges Prinzip, das unabhängig aus sich selbst heraus vom Individuum existiert. Der Mensch verändert sich, aber das Prinzip der Liebe nicht und kann es auch nicht. Es ist nicht so, daß die Liebe Männer und Frauen verläßt: Männer und Frauen selbst verlassen die Liebe. Das Verlangen des Menschen nach seinem oder seiner Geliebten ist dazu verurteilt, im Entzücken seiner eigenen Erfüllung zu vergehen. Der Wunsch zusammen zu sein, das Verlangen, den anderen zu kennen, alles über den anderen zu erfahren, bildet die Grundlage der Liebe von Mann und Frau. Doch wenn Sie über irgend etwas alles wissen, haben Sie es in sich aufgenommen, sind eins damit geworden und beginnen, Ihr Interesse daran zu verlieren. Um also das Verlangen nach einem anderen Menschen fortwährend mit der gleichen Frische verspüren zu können wie es während der ersten Verliebtheit war, muß der oder die Geliebte eine Qualität der Zeitlosigkeit, des Unerforschlichen besitzen.

Wann immer Sie etwas verlangen, verlangen Sie nach Wissen. Das ist deshalb so, weil Sie außer Wissen sich selbst nichts hinzufügen können. Es ist ganz gleich, was Sie besitzen – Sie können es sich selbst nicht hinzufügen. Alles, was Sie hinzufügen können, ist das Wissen, etwas zu besitzen und jederzeit benutzen oder erfahren zu können. Dieses Wissen ist die Erfüllung des Verlangens nach einem bestimmten Objekt.

Ihr Körper braucht Luft. Sie verlangen nach dem Wissen, daß es diese Luft gibt. Haben Sie dieses Wissen erst einmal gewonnen, ist das Verlangen für Sie erfüllt. Andernfalls würden Sie sich Sorgen machen und versuchen, eine ununterbrochene Luftzufuhr für die Zukunft sicherzustellen. Sie haben das Verlangen, ein Buch zu lesen. Sie wollen das Buch nicht als Objekt haben, aber wenn, wollen Sie eigentlich nur wissen, daß das Buch sich in Ihrem Besitz befindet, damit Sie es jederzeit lesen können. Ist Ihr Verlangen erfüllt, lesen Sie das Buch nicht wieder – das in ihm enthaltene Wissen ist jetzt Ihres, und deshalb verspüren Sie nach dem Buch kein Verlangen mehr.

Sie verlangen nach Macht. Sie kennen nur eine Art und Weise, auf die Ihr Verlangen erfüllt werden kann: indem Sie sehen oder hören, daß andere Ihnen gehorchen. Wenn Sie in einer Gefängniszelle säßen und Befehle aussendeten, ohne zu wissen, ob sie ausgeführt würden, wäre Ihr Verlangen nach Macht nicht erfüllt, und man würde Sie wahrscheinlich für verrückt erklären.

Die Wirklichkeit der menschlichen Liebe besteht darin, daß der Mann oder die Frau das Verlangen haben, mit dem oder der Geliebten zu leben, damit er oder sie den anderen ganz absorbieren und ihn besitzen kann, indem er oder sie alles über den anderen weiß. Dieses Verlangen aber trägt seine eigene Zerstörung bereits in sich.

Die Phase der Erfüllung, des einander Kennenlernens, dauert gewöhnlich nicht sehr lange, weil es über Männer und Frauen nicht viel zu wissen und nicht viel Wissenswertes gibt – es sei denn, Sie lieben Gott oder die Wahrheit. Gott und die Wahrheit sind unergründlich und zeitlos, und jene, die sie lieben, entwikkeln die gleichen Qualitäten. Normalerweise aber lernen Sie lediglich die Persönlichkeit des anderen kennen, und die Persönlichkeit ist etwas Aufgesetztes. Sie können nicht ununterbrochen schauspielern. Und während jeder der beiden allmählich das wahre Gesicht des anderen zu sehen beginnt, lassen sie die Masken immer häufiger fallen. Der Außenwelt stellt man weiterhin die strahlend geschminkten Gesichter zur Schau, aber zwischen den sich einst Liebenden ist nicht mehr viel Geheimnisvolles übrig geblieben. Die Partnerschaft ist nun mechanisch und vorhersagbar geworden.

Im Anfang ist Liebe Sehnsucht, also das, was einen Wunsch von seiner Erfüllung trennt, plus die kurze Zeitspanne der Erfüllung. Dann ist sie Sex, Erwartung, Angst, Verträglichkeit, Vertrautheit und Gewohnheit. Falls die beiden Personen ähnliche Wünsche oder Interessen haben, führt die Verbindung gewöhnlich zu einer Art Einheit. Lassen sich die meisten der Wünsche im Rahmen der Partnerschaft erfüllen, verläuft die Beziehung einigermaßen friedlich. Wenn nicht, entstehen Konflikte.

Liebe umgibt Sie ständig wie die Luft und ist tatsächlich der Atem Ihres Wesens. Aber Sie können sie nicht erkennen, können ihre unfühlbare Berührung nicht spüren, bevor Sie nicht in Ihrer Geschäftigkeit innehalten, still und gelassen werden und sich von Ihrem Wollen und Wünschen frei machen. Im Ruhezustand ist die Luft leicht erregbar und flieht selbst vor dem leisen Erzittern eines Blattes, so wie die Liebe beim ersten Gedanken an sie selbst flieht. Aber wenn Luft oder Liebe sich von sich aus bewegen, sind sie wie ein Wirbelsturm, der alles vor sich hertreibt.

Sie fangen an, die Liebe zu verstehen, wenn Sie erkennen, daß Sie nichts sind. Nichts oder „Nichtheit“ ist die größte Reinheit – kein Denken, kein Verlangen, keine Vorstellungen. Sie sind dann eins mit dem Augenblick und der großen Bewegung des Lebens. Dann kann nichts Falsches geschehen. Jeder Augenblick ist vollkommen, und alles, was geschieht, ist Ausdruck des ewig Gerechten.

Streit

Nach dem ewigen Gesetz des Magnetismus ziehen sich Gegensätze an, während Gleiches sich abstößt. Beim elektrischen Stromkreis ist es ebenso: Verbinden Sie zwei positive oder zwei negative Pole miteinander, geschieht überhaupt nichts. Doch in der Welt des Menschen bzw. in der Gedankenwelt des Menschen zieht Gleiches Gleiches an, und Gegensätze stoßen sich ab. Wie also können zwei sich widersprechende Gesetze existieren?

Die Welt des Menschen ist die Welt seines Verstandes. Sein Verstand ist die Quelle seiner Persönlichkeit, seines Ehrgeizes, seiner Vorlieben und Abneigungen, all dessen, was er als gut und schlecht empfindet. In allem und jedem ist der Mensch für oder gegen etwas. Er behauptet, jede Sache habe ihre zwei Seiten, aber was er sagt, ist nicht wahr: Zwei Seiten kann es nur geben, wenn persönliche, das heißt selbstsüchtige Interessen im Spiel sind. Andernfalls ist etwas entweder wahr oder unwahr, oder die gerade verfügbaren Fakten reichen nicht aus, um zu einem Schluß zu gelangen.

Wenn zwei Leute festlegen wollen, ob ein bestimmtes Tier eine Kuh ist, schauen sie es an und sagen: „Ja, das ist eine Kuh". Hier bestimmen nur die Fakten, was eine Kuh ist. Es sind weder egoistische Interessen noch Meinungen (des Menschen kosbarster Besitz) im Spiel. Wenn aber einer von beiden behauptet, es sei seine Kuh, und der andere sagt, das stimme nicht, gibt es eine Meinungsverschiedenheit. Jetzt befinden sich die beiden in jener Gedankenwelt, wo Gleiches Gleiches anzieht und Gegensätze sich abstoßen. Die Hindus werden Ihnen sagen, daß die Kuh heilig ist. Das ist ihre unumstößliche Meinung, und es gibt einige hundert Millionen Hindus. Sie stimmen dem vielleicht nicht zu. Es ist also ein Fall von Pro und Kontra, eine Ansichtssache, aber keine Tatsache, weil kein Verstand es weiß.

In der Welt des Denkens kennt niemand alle Tatsachen, und deshalb besteht hier wenig Aussicht auf völlige Übereinstimmung. In der Gedankenwelt sind althergebrachte Interessen und Überzeugungen sowieso wichtiger als Fakten. Also polarisiert sich jede Angelegenheit unweigerlich in zwei entgegengesetzte Standpunkte von Meinungen und Überzeugungen.

Weil Menschen lieber reden als handeln, werden die Atmosphäre und ihre Ohren ununterbrochen mit Meinungen bombardiert, denen selten irgendwelche Handlungen folgen (außer der automatischen Meinungsäußerung selbst). Tatsache ist jedoch, daß stets beide Seiten Unrecht haben. Das Pro könnte nicht ohne das Kontra existieren. Streicht man beide Argumente, gibt es keinen Disput. Was bleibt, ist das Faktum, und über eine Tatsache kann man nicht streiten. Streitende Parteien bilden sich, wenn man auf die Argumente anstatt auf die Fakten schaut. Wenn sich zwei Parteien bekriegen, geht es ihnen um nichts anderes, als die jeweilige Schlagkraft ihrer Argumente zu beweisen, während die Fakten der eigentlichen Angelegenheit ignoriert werden und meist sogar unentdeckt bleiben. Wenn die beiden Parteien endlich zu streiten aufgehört haben, ist die Tatsache, die sie schon zu Beginn nicht erkannt hatten, nicht nur immer noch unsichtbar, sondern wahrscheinlich auch nicht mehr sachdienlich. Jedes Faktum ist nur in einem bestimmten Moment relevant, und jetzt sind Moment und Faktum bereits weitergezogen. Eine Meinungsverschiedenheit kann stets nur durch Handeln beigelegt werden. Nichts wird jemals gelöst – außer durch Handeln. Dann wird die Seite, welche die stärkeren Mittel zur Durchsetzung ihrer Argumente (nicht unbedingt die richtigen) besitzt,Tatsachen schaffen – wenn es noch wichtig ist. Wenn Sie die Macht haben, bekommen Sie Ihren Willen. Doch was geschieht schließlich jedesmal? Julius Cäsar führte einige große Schlachten, Napoleon ebenfalls. Wo sind heute ihre Reiche? Im Jahre 1945, nach fünf Jahren Krieg und Millionen Toten, erwiesen sich die Alliierten als die Stärkeren. Dann kam der Kalte Krieg. Die Kommunisten waren überzeugt, daß ihr System gut für alle Menschen sei – der Westen war anderer Meinung. Der Mächtigste bestimmt immer die Richtung. Erkennen

Sie ein Muster? Wohin haben die Überzeugungen des Menschen ihn seit Anbeginn der Geschichte geführt? Wohin führen Ihre Überzeugungen Sie? Nirgendwohin – außer in sinnlose Konflikte. So kommen wir nicht weiter. Solange Sie im Mechanischen stecken bleiben, verlangt das Leben nichts anderes von Ihnen, als daß Sie auch weiterhin mit Eifer nichts tun, damit den höheren Zielen des Lebens (jenseits Ihrer geschäftigen Vorstellungswelt) ewig gedient ist.

Das ewige Gesetz zeigt (im Gegensatz zu dem der menschlichen Gedankenwelt), daß Hitze Kälte und Kälte Hitze anzieht, bis eine Balance oder ein Gleichgewicht erreicht ist. Dieses Gleichgewicht in der Schöpfung erhält das Leben auf der Erde, zwischen der Kälte der Pole und dem heißesten Ort unseres Planeten. Ebenso zieht Licht Dunkelheit und Dunkelheit Licht an, bis ein Gleichgewicht erreicht ist. Gäbe es im Licht keine Dunkelheit, würden wir erblinden; und gäbe es in der Dunkelheit kein Licht, würde etwas ähnlich Zerstörerisches und Unerträgliches geschehen. Sie werden bemerken, daß diese Anziehungskraft von Gegensätzen, welche danach streben, sich gegenseitig aufzuheben, ein Prozeß der De-Kreation ist, der jedoch stets von selbst zum Stillstand kommt, wenn jener zur Erhaltung des Lebens notwendige Punkt des Gleichgewichts erreicht wurde. Könnte er sich über diesen Punkt hinaus fortsetzen, würden die Gegensätze wie das Verlangen und seine Erfüllung sich schließlich vereinen – und die Schöpfung wäre verschwunden. Nichts würde bleiben, nur jener Zustand, der existierte, bevor die Schöpfung ihren Anfang nahm. Das genaue Gegenteil zu diesem Prozeß ist das egozentrische Werk des Menschen, seine Welt, in der gleiche Kräfte einander anziehen – Sympathie zieht Sympathie und Haß zieht Haß an. Diese vom Menschen geschaffene Welt ist sein Versuch, etwas innerhalb der Schöpfung selbst zu erschaffen. Es ist ein unbeholfener Versuch, eine Art Umkehrungsprozeß, der selbst vermehrend anstatt selbst aufhebend ist, der trennend statt vereinigend wirkt. Wenn es nach dem Menschen ginge, würden die „Vorlieben" und die „Abneigungen“ weiter wachsen und sich ausbreiten, bis die ganze Welt in unbeweglichen Blöcken halsstarriger Meinungen erstarrt wäre.

Doch es geht nicht nach dem Menschen: Dafür sorgen Krieg und Kampf. In der selbstsüchtigen, selbstbefangenen Welt des Menschen sind Krieg und Streit das notwendige Äquivalent zur Gewalt der Natur in der natürlichen Welt. Auf diese Weise bricht das Leben die erstarrten Blöcke auf und schafft ihnen wieder Raum zum Atmen für neue Entwicklungen.

So wie die Natur durch das Gesetz der Gegensätze Gewalt und Zerstörung einsetzt, um sich selbst in vollkommener Harmonie zu erhalten und zu erneuern, so ist die widersprüchliche, vom Menschen gemachte Welt von Krieg und Konflikt abhängig, um sich selbst in vollkommener Disharmonie zu erhalten.

Trenne und Stirb

Es gibt ein ewiges Gesetz, das den Menschen leitet. Es läßt ihn nie im Zweifel darüber, was er tun sollte. Es läßt keinen Raum für mildernde Umstände, Rechtfertigungen oder sich ändernde Wertvorstellungen jener Art, welche die vom Menschen gemachten, vom Verstand gemachten Gesetze durcheinanderbringen. Es ist ein Gesetz, das der unschuldige, zweifelnde und unsichere Teil des Menschen verstehen kann. Auch wenn er es vielleicht übertritt, kann er an jeder Wegbiegung den unfehlbaren Wegweiser der ewigen Gerechtigkeit sehen.

Das Gesetz lautet: *trenne und stirb.*

Dieses Gesetz bezieht sich nicht auf eine physische Trennung, sondern auf jene geistigen Barrieren und Zäune, die wir errichten. Wir leben in einem engen Niemandsland, das rundum von Zäunen umgeben ist, welche uns auf der einen Seite von der Welt und auf der anderen Seite von unserem eigenen wahren Wesen trennen.

Sie sind Ihr wahres Wesen, wenn Sie den Augenblick der Liebe kennen, wenn Sie die glücklichsten, ekstatischsten Momente Ihres Lebens erfahren – Augenblicke, die nichts mit der Erfüllung irgendeines benennbaren Wunsches oder Verlangens zu tun haben. Es ist Ihr wahres Wesen, das die Liebe kennt, Ihr wahres Wesen, das die Schönheit kennt.

Ihr wahres Wesen ist Ihr bewußt gemachtes Selbst; Ihr unbewußtes Selbst ist der mechanische Mensch mit seinem Roboter-Verstand. Der Roboter kann weder Liebe noch Schönheit erfahren. Er kann auch um Ihr wahres Wesen nicht wissen. Aber wenn der Geist still und von Verlangen frei wird, wird er transparent. Dann werden Sie zu Ihrem wahren Wesen und durchstrahlen die Maschine wie tausend Sonnen. Sie fühlen sich göttlich, und Sie sind es.

Ihr wahres Wesen vereint – Ihr Verstand trennt.

Trennung bedeutet Tod für Ihr Wesen und Leben für Ihren Verstand. Nur durch Trennung wird der individuelle Roboter mächtiger.

Vereinigung ist der Tod für Ihren Verstand, aber Leben für Ihr wahres Wesen.

Vereinigung bedeutet Unsterblichkeit.

Wenn Sie lächeln, und wenn dieses Lächeln echt ist, verbindet sich in diesem Augenblick, da Sie sich selbst geben, Ihr wahres Wesen mit dem Objekt Ihres Lächelns. Das können zwei Vögel sein, die miteinander auf einem Ast sitzen und schnäbeln, oder ein kleines Kind, das zu stehen versucht. Mit Ihrem Lächeln haben Sie das äußere Objekt Ihrem Wesen hinzugefügt und doch gleichzeitig etwas von sich selbst gegeben. Sie werden größer und sind doch gleichzeitig kleiner geworden. Ihr schönes, wahres Wesen ist größer geworden – Ihr trennendes, denkendes Selbst hat sich verkleinert. Wenn Sie lächeln, leiden Sie nicht.

Wenn Sie die Stirn runzeln oder finster dreinblicken, schneiden Sie sich vom betreffenden Objekt oder Ereignis ab. Statt auf es zuzugehen, entfernen Sie sich davon. Ihr schönes Wesen schrumpft – und Sie, Ihr Verstand, der Denker, der Richter, der Trennende, der individuelle Roboter wachsen. Sie haben sich selbst von einem anderen abgelöst und müssen nun dem ewigen Gesetz entsprechend leiden. Die unmittelbare Strafe für die Übertretung des Gesetzes ist das Unglücklichsein und damit Gefühle der Gereiztheit, Wut, des Hasses, des Neids und der Bitterkeit.

Und das ist ebenfalls ein ewiges Gesetz. Seine Gerechtigkeit ist sowohl in der ewigen Welt als auch in der Zeit spürbar. Indem Sie dieses Gesetz weiterhin brechen, trennen Sie sich von der Unsterblichkeit ab, denn Ihr Wesen ist unsterblich. Solange Sie aber nicht Ihr Wesen sind, sind Sie nicht unsterblich.

Wenn Sie sich von Ihrem Wesen abtrennen, bedeutet das den lebendigen Tod. Doch so lebt der Mensch: in einer Art Tod, den er als sein hochgeschätztes Leben bezeichnet. Erkennen Sie die wunderbare Gerechtigkeit dieses großartigen Gesetzes? Sie schaden wirklich keinem anderen mit Ihrem finster dreinschauenden Gesicht und Ihren Verwünschungen – nur sich selbst.

Dieses Gesetz gilt nur für das Individuum, denn nur Individuen können lernen, ehrlich mit sich selbst zu sein. Die ganze Welt mag einen Mann verurteilen und sagen, er habe falsch gehandelt, doch wenn er weiß, daß seine Worte oder Taten nicht trennend waren, ist er frei. Nur das Individuum kann wissen, ob er oder sie das Gesetz befolgt hat. Und dieses Wissen ist nur für das Individuum wichtig.

Ihr Wesen kennt nur zwei Seinszustände: Einer ist der Zustand der Neutralität oder Ruhe, der andere ist Schönheit. Im Wesen liegt die Harmonie der Schönheit. Wenn Sie plötzlich etwas Schönes sehen und es sofort ohne nachzudenken mögen, hat dessen

Schönheit den gleichen Ton der Schönheit in Ihrem Wesen zum Schwingen gebracht. Es gibt eigentlich gar keine Gegensätze, keine Vorlieben oder Abneigungen. Weder Schönheit noch Neutralität erfordern eine Beurteilung. Es sind Zustände, so wie das Eingetauchtsein in Wasser ein Zustand ist, den man nicht beurteilen und über den man nicht nachdenken muß, um ihn zu erfahren.

Entweder das Wesen liebt und hat etwas gern (in Abwesenheit des Denkens ist das Schönheit), oder es ist neutral und verbringt sein Leben in unschuldigem Gleichmut gegenüber den Dingen seiner Umgebung.

Der Verstand ist permanent aktiv. Er haßt den Zustand der Neutralität und der Ruhe, in dem er sich mit nichts beschäftigen kann, weil das seinen Herrschaftsanspruch bedroht. Wird er mit einem solchen Zustand konfrontiert, sucht er geschwind nach einem Buch oder einem Fernsehprogramm oder nach jemandem, mit dem er reden kann.

Diese verzweifelten Anstrengungen des Verstandes, jeden Augenblick mit etwas auszufüllen, hindern Sie daran, Ihres unsterblichen Wesens bewußt zu sein. Um Ihr Wesen bewußt zu erreichen, müssen Sie der ständigen Forderung des Verstandes nach Aktivitäten widerstehen und die innere Ruhelosigkeit, Einsamkeit und Unzufriedenheit aushalten.

Wenn Sie an einem Ort oder im Zusammensein mit einer Person Disharmonie empfinden, sollten Sie einfach weggehen. Es gibt keinen Grund, sich zu spalten. Verbinden Sie sich lieber mit einem anderen Ort oder einer anderen Person.

Wenn ein Mensch sich wie ein Narr verhält und Sie ihm zeigen können (vielleicht recht deutlich, aber immer ganz ruhig), daß er töricht ist, werden Sie beide davon profitieren, und die meisten Menschen werden es Ihnen danken. Wenn Sie es ihm nicht zeigen können, lassen Sie ihn einfach in Ruhe. Aber wenn Sie ihn einen Narren nennen und versuchen, ihm Ihre Meinung zu sagen, muß er wiederum Ihnen seine Meinung entgegenhalten. Dann werden Sie vielleicht beide Recht haben, doch Ihre beiden Meinungen werden falsch sein.

Wenn Sie Gutes tun oder helfen möchten, sollten Sie darauf achten, daß Sie sich nirgendwo aufdrängen. Wenn Sie den Augenblick überholen und einem „guten Anlaß" nachjagen wollen, sollten Sie sicher sein, daß Sie darauf vorbereitet sind, für Ihr Tun zu sterben. Andernfalls bedrängen Sie sich selbst und spalten sich von Ihrem Selbst ab. Wie gut die Sache Ihnen auch erscheinen mag – wenn Sie ein äußerer Anschein reizt, dann ist es Ihr Verstand, der Sie einlädt, sich für die Sache einzusetzen. Und so arbeiten Sie zuallererst einmal für sich selbst. Die Bedürfnisse eines jeden sind nur dem Wesen bekannt. Falls Sie von irgend jemandem oder irgendetwas gebraucht werden, werden Sie durch Ihre Hilfe mit ihm oder damit vereint. Dann haben Sie gar keine andere Wahl und wollen auch keine haben.

Falls Sie je in eine Situation kommen, in der Sie töten müssen, achten Sie darauf, daß nicht Sie es sind, der den Abzugshahn zieht oder auf den Knopf drückt. Lassen Sie das die Mensch-Maschine tun, während Sie bewußt bleiben und die Situation Ihres Wesens aus dem Zustand des Gleichgewichts beobachten. Wenn Sie töten, werden nur Sie selbst wissen, ob Sie sich irgendwo hineingedrängt haben. Falls nicht, wird der Roboter ein wenig mit Ihrem Opfer gestorben sein. Sie sind nichts Besonderes, Sie könnten durchaus in die Lage kommen, töten zu müssen. Wenn es nicht beabsichtigt wäre, daß die Mensch-Maschine tötet, gäbe es kein Töten.

Sie verfügen über zwei Arten von Stolz. Die eine, die Sie kennen, ist der Stolz Ihres Verstandes, Ihre Einbildung. Den werden Sie einem momentanen Verlangen anpassen oder opfern und wiederbeleben, wenn Sie sich einbilden, man habe Sie beleidigt. Doch Ihr wahrer Stolz kommt aus Ihrem Wesen und läßt niemals zu, daß Sie unter Ihre Wesenswürde sinken. Dieser Stolz existiert jenseits unserer Fähigkeit, ihn zu verstehen, aber man kann ihn beobachten. Er kommt aus dem Augenblick, und seine Kraft liegt in der Wahrheit und der Unschuld. Er ist die Würde des Lebens selbst, und das Leben wird diese Würde verteidigen. Wenn nötig, wird es Sie töten, um diese Würde zu bewahren. Wenn dieser Stolz herrscht, werden Sie dafür sterben – bereitwillig, furchtlos, mit einem Lächeln auf den Lippen, nicht aus einem Trotz heraus, sondern voller Mitgefühl für jene, die glauben, Sie von Ihrer ewigen Würde trennen zu können.

Überpersönliche Liebe

Große Liebe zerstört Menschen, weil diejenigen, welche ausschließlich und auf der persönlichen Ebene lieben, Liebe, wie sie wirklich ist, nicht in sich fassen können.

Allein der Sternenhimmel ist weit genug, um die Möglichkeiten der Liebe von Mann und Frau umfassen zu können. In der Tat ist das Universum das Symbol des Lebens für ihr Potential. Wenn die Liebe einen Mann oder eine Frau zerstört, wird ein Stern geboren. Die Geburt eines Sterns ist verkörperte Liebe: unberührbar und unerreichbar, außer durch die Zerstörung, die sie unabwendbar und liebevoll unter jenen anrichtet, die die Erde lieben, unter jenen, die das Licht sehen, aber nicht den Stern.

Der Stern liegt im Betrachtenden.

Liebe, die ihre eigene Schönheit im Betrachtenden nicht zu erkennen vermag, ist erdgebunden und dem Tod geweiht. Liebe, die es kann, muß ebenfalls sterben, aber auf eine andere Weise: Sie muß über die Erde und ihre ausschließende Liebe hinausgehen und das schreckliche Alleinsein im tiefen Weltall erfahren. Diese Reise ist gleichbedeutend mit einem sich selbst verzehrenden Zerstören jeglicher früheren persönlichen Liebe, welche danach strebt, den geliebten Menschen festzuhalten – aus schönen

Motiven, aber mit unhaltbarer Selbstsucht. Solche Liebe verweigert dem Geliebten die Erfüllung seines Schicksals, unvermeidbar ein eigener Stern zu werden.

Die Liebe zu meinen Kindern wird also zur Liebe für jedes Kind, die zu meiner Mutter zur Liebe für jede Mutter, die zu meinem Volk für jedes Volk, zu allen Wesen und Dingen, zur Liebe für alles Leben. Und jeder Augenblick dieser Liebe wird davon diktiert, wo ich bin und was ich tue, denn wo ich bin, ist das Leben.

Das Leben weigert sich unablässig, mit Tod, Zerstörung oder der menschlichen Vorstellung von Gut und Böse Kompromisse einzugehen. Darin besteht seine unendliche Anziehungskraft. Der Mensch fürchtet sich, weil er der stets mit dem Leben einhergehenden unbegrenzten Zerstörung nicht ins Auge blicken kann. Furcht ist ängstliches Sich-Sorgen. Das Leben sorgt sich nicht, und dennoch sorgt es für alles jenseits allen Sich-Sorgens, weil es nur zerstört und wütet, damit das unendliche Spiel des Lebens weitergehen kann. Kann der Mensch leben wie das Leben selbst? Kann er aufhören, sich zu ängstigen oder zu sorgen? Kann er seine Ängste und Vorstellungen in jedem Augenblick zerstören, so wie das Leben sich selbst zerstört, und in jedem Augenblick wieder frisch und neu beginnen? Kann er aufhören, Kompromisse einzugehen – nicht mit Menschen, sondern mit seinen Ängsten davor, was die Leute sagen oder denken könnten? Diese Angst ist nämlich neben der Angst vor der Zukunft vielleicht die bösartigste. Ist der Mensch in der Lage, niemals wieder voller Kummer oder mit Bedauern auf das zurückzuschauen, was er getan hat? Kann er aufhören, mit seinen Vorstellungen und Ausreden Kompromisse zu schließen? Wenn der Mensch aufhört, mit sich selbst Kompromisse zu schließen, wird er feststellen, daß seine Sorgen sich in Liebe verwandeln.

Die Wahrnehmung einer Frau unterscheidet sich von der eines Mannes. Die Frau ist intuitiver, also lebt und verhält sie sich anders.

Frauen sind weniger von Gewohnheiten bestimmt als Männer. Die Gewohnheiten sind bei ihnen nicht so tief eingeprägt. Ihr Anhaften ist mehr äußerlich. Deshalb sind sie eher in der Lage, zu verzichten und Nachsicht zu üben, wenn etwas ihre äußere Schale durchdrungen hat.

Frauen haben mehr Liebe in sich als Männer. Ich meine nicht die oberflächliche Liebe, die sich bei vielen Frauen in Form von „Klammern“ oder sogar „Dienen“ äußert, sondern jene unausgedrückte Liebe, die über die ausgetretenen Pfade der Gewohnheit hinwegtanzt und sie so einebnet. Es geht hier um die schrecklich unberechenbare Liebe, die den Mann anzieht, schwächt und zerstört. Diese Liebe ist genau das in der Frau, was die Männer sagen läßt, sie könnten es nicht verstehen. Es ist ihre Vergeßlichkeit, ihre Flatterhaftigkeit, ihre Unzuverlässigkeit, Nichtverantwortlichsein und ihre Launen – all jene Urgewalten, die ihre eigenen Gewohnheiten zerstören und die Erwartungen des Mannes zunichte machen. Eine brennende, überpersönliche Liebe. Wenn die Frau vollkommen ganz und gar diese Liebe lebt, ist sie unermeßlich frei.

KAPITEL 4

Der Mensch kann von der Wahrheit des Lebens oder des Todes nichts kennen, solange er sich selbst nicht kennt.

Der Mensch besteht aus Verlangen, Beziehungen, Denken, Reden, Handeln, Versuchen, Reaktion, Gefühl, Verstehen, Schlafen, Träumen, Urteilen, Einstellung, Schweigen, Antwort, Hören, Worten und Wahrnehmung. Wenn Sie in Ihrem Innern durch diese Dinge hindurchsehen, lösen sie sich als Hindernis für Ihr Wahrnehmen der Herrlichkeit auf, die hinter all dem liegt.

Ego und Verlangen

Verlangen bedeutet Streß oder Anspannung. Es ist eine Spannung zwischen Ihnen und dem Objekt oder Zustand Ihrer Begierde. Da das Objekt diese Spannung nicht fühlt, bedeutet Ihr Verlangen eine einseitige Spannung in Ihrem Innern, ein offenbares Ausstrecken in Richtung des jeweiligen Objekts oder der betreffenden Person.

Wenn die Person auf die gewünschte Weise reagiert oder das Objekt in Besitz genommen werden kann, wird aus dem Verlangen eine Beziehung. Eine Beziehung erkennt man daran, daß man innerlich dem Objekt oder der Person gegenüber eine Haltung einnimmt, die sich mit Begriffen wie „mein" ausdrückt. Eine Beziehung ist unrein, wenn sie „klammert" oder festhält. Die Stärke einer Beziehung kann man erst ermessen, nachdem sie zerbrochen ist. Dann taucht das ursprüngliche Verlangen wieder auf, allerdings durch die inzwischen gemachte Erfahrung verändert. Es verändert sich kontinuierlich durch die Wiederholung der Erfahrung, bis es schließlich verschwindet. Sein letztes, vom lange leidenden Wünschenden nicht erwartetes Stadium gleicht gewöhnlich einer Schattenexistenz in der Gedankenwelt, in der man sich an Vergangenes erinnert und die Beziehung nur noch als Gewohnheit aufrechterhalten wird. Jede Gewohnheit ist eine Spur, die das Verlangen zurückließ.

Das Verlangen selbst kann nur durch Verlangen ausgelöscht werden, und das verursacht dem Wünschenden oder Verlangenden immer auf die eine oder andere Weise Schmerzen. Unser alltägliches Leben entspricht genau einem unaufhörlichen Verlangen, das sich selbst eliminiert und sich durch den Schmerz und die Frustration seines eigenen Wollens selbst erneuert.

Wenn ein Verlangen auf die Ebene einer Gewohnheit oder einer Vorstellung reduziert worden ist, kann man damit umgehen, und es läßt sich durch Beobachten ziemlich schnell eliminieren – man erkennt es dann als das, was es ist. In diesem Augenblick entdecken Sie plötzlich, daß Sie frei und von der Beziehung nicht abhängig sind, daß keine Notwendigkeit besteht, etwas oder jemanden als „mein" zu bezeichnen. Das ist die einzig wirkliche Freiheit – auf jeder Ebene der Existenz.

Das Gefühl des Verlangens ist ein Gefühl der Bedürftigkeit. Man hat das Bedürfnis, etwas zu besitzen oder zu tun. Je stärker dieses Gefühl des Mangels, desto häufiger denken wir an das Objekt unseres Verlangens. Doch je mehr wir an etwas denken oder über etwas nachdenken, desto mehr schließen wir uns von den Erfahrungen unseres übrigen Lebens aus. Während das Verlangen immer intensiver wird, ergreift es mehr und mehr von unserem Denken Besitz, und wenn wir diese Gedanken nicht in Handlung umsetzen können (wobei das Denken aufhören sollte), beginnen wir das dem Verlangen innewohnende sonderbare Unbehagen und dessen Schmerz zu erfahren. Dieses Gefühl drückt die Anspannung, die das Verlangen in uns erzeugt hat, aus. Es resultiert aus der Selbstkontraktion, der Selbstbegrenzung, der Einschnürung unseres Wesens. Es ist der Schmerzensschrei unseres wunschlosen Willens, dessen Kraft und Freiheit die Abwesenheit des Verlangens ist.

Es gibt kein Verlangen ohne Denken. Je mehr Wünsche wir haben, desto mehr denken wir. Die meisten Leute denken ununterbrochen, selbst wenn sie gerade keine bewußten Wünsche haben. Dieses ununterbrochene Denken entspringt aus dem Verlangen des Egos, zu existieren.

Das Verlangen des Egos zu existieren erhält die Persönlichkeit eines Individuums. Jede Persönlichkeit hat mehrere ausgeprägte Aspekte und Facetten, obwohl diese unter gewöhnlichen Umständen nicht klar voneinander zu unterscheiden sind. Wünsche sind letztendlich Teile des Ego-Verlangens, zu existieren. Doch da sie jeweils ein Bedürfnis darstellen, sind sie auf bestimmte Objekte gerichtet und folgen bestimmten Gedankenmustern, die für die verschiedenen Aspekte der Persönlichkeit charakteristisch sind. Die Beziehung zwischen Persönlichkeit und Ego kann man mit Hilfe eines Lederfußballs anschaulich darstellen: Die auf der Oberfläche durch Nähte abgegrenzten Felder entsprechen den verschiedenen Facetten oder Aspekten der Persönlichkeit. Das Leder selbst ist das Ego, jene Substanz, die alle Aspekte der Persönlichkeit enthält und nach außen an der Oberfläche sichtbar macht, obwohl nicht alle gleichzeitig zu sehen sind. Natürlich hat das Leder auch eine bestimmte Dicke und eine innere Oberfläche, die den Innenraum des Balles umschließt. Auf die gleiche Weise umschließt das Ego gemäß seiner Funktion bestimmte Identitäten.

Die Grundlage der Persönlichkeit (die äußere Oberfläche des Balles) entspricht der Antwort oder der Reaktion auf spezifische äußere Reize.

Die Persönlichkeit hat stets das Ziel, sich irgend jemandem oder irgend etwas aufzuprägen. Sie zapft das Erinnerungsvermögen an und wählt nur das aus, was sie benötigt, um ihren unmittelbaren Interessen zu dienen. Sie legt nur das zurück, von dem sie glaubt, daß es in der Zukunft ihren Interessen dienen wird. Dieses Vorgehens des auswählenden Reaktivierens ist das Leben der Persönlichkeit.

Die Grundlage des Egos (die innere Oberfläche des Balles) ist das Gedächtnis. Anders als die Persönlichkeit hat das Ego keine speziellen Interessen, es ist lediglich daran interessiert, Wissen aufzunehmen – ganz gleich, ob es sich bei diesem Wissen um schmutzige Witze, fromme Gebete oder höchste Wahrheit handelt. Das Gedächtnis ist eine Mülldeponie für Informationen. Für das Ego ist es unerheblich, ob diese Informationen richtig, falsch, wahr oder unwahr sind.

Für das Ego besteht das Leben darin, sich selbst als eine Persönlichkeit zu erfahren, Informationen zu empfangen und das, was es bereits weiß, zu erfahren, indem es darüber nachdenkt.

Der Wunsch des Egos zu existieren ist unser Wunsch zu wissen. Es ist unser unstillbarstes und stärkstes Verlangen, stärker sogar als der Überlebenstrieb des Körpers.

Das Ego sammelt Informationen, indem es ziellos hört, beobachtet, Klatsch verbreitet, redet und liest. Es erfährt das, was es bereits weiß, durch zielloses Tagträumen und assoziatives Denken. Seine emotionale Beteiligung ist einer Kuh vergleichbar, die ihr Fressen wiederkäut – bis ihm Information verweigert wird. Dann wird es mit einer unaufhaltsamen Heftigkeit des Verlangens direkt als unerklärlicher Impuls in die Welt drängen. Zeitweise ist das Ego nicht damit beschäftigt, aktiv Informationen zu sammeln, und die Persönlichkeit scheint zu schlummern. Doch besteht es weiterhin darauf, sich selbst als Erinnerung zu erfahren. Es denkt also: Wir denken.

Jeder Gedanke, gleich welcher Art, wird das Ego befriedigen, denn es geht ihm nur um die Erfahrung. Für das Ego ist es unerheblich, ob die Erfahrung darin besteht, zu denken, zu träumen, jemanden zu töten oder Tee zu servieren.

Die oberflächliche Persönlichkeit (wie die Oberfläche des Fußballes) und das allumfassende Ego (das Leder) erhalten ihre Stärke und Form, Flexibilität und reaktive Spannung durch den „Luftdruck“ im Inneren.

Die Luft existiert jenseits des Egos, aber dort, wo sie im Innern des Balles auf das Leder trifft, übt sie eine Kraft aus. Und diese auf das Ego wirkende Kraft nennen wir das „Ich“ (das „Es“).

Das „Ich“ (das „Es“) ist eine Energiequelle, das Kraftwerk des Egos und der Persönlichkeit. Sie liefert die Energie für jede Reaktion, auch für das Reaktionsprinzip des Körpers selbst, welches das Herz schlagen läßt und das Nervensystem antreibt. Der Druck des „Ich“ (des „Es“) ist konstant gleichbleibend. Auch wenn sich die Kraft scheinbar verflüchtigt, wenn durch physische Aktivitäten oder emotionale Reaktionen Energie verbraucht wird, liefert der gleichbleibende Ursprungsdruck unbegrenzt Energie. Was sich zu verflüchtigen scheint, ist nicht die Energie, sondern ihr Medium, das dem Verfall oder Tod unterworfene Ego.

Die Identität ist das, was wir als „mein Bewußtsein“ erkennen. Wenn ein Individuum sich seiner selbst als eine ganzheitliche Wesenheit genügend bewußt wird, haben Ego und Persönlichkeit keine separaten Identitäten mehr. Abhängig vom Individuum kann es Monate oder sogar Jahre dauern, bis sich dieses integrierte Bewußtsein oder „Super-Ego“ im Körper eingerichtet hat.

Diese Vereinigung von Ego und Persönlichkeit ist Teil des Selbsterkenntnis- oder Selbstverwirklichungsprozesses. Das so integrierte Bewußtsein ergreift schließlich von der gesamten Psyche und dem gesamten Körper Besitz, und wenn es ganz etabliert ist, ist alles Gewißheit. Es hat Zugang zum universalen Wissen, und alle Funktionsabläufe auf der Erde, sowohl im Detail als auch im Allgemeinen, sind dem Bewußtsein unmißverständlich bekannt. Dann ist der Wissensdurst des Egos endgültig gestillt und wird transzendiert.

Ich selbst habe den Prozeß, bei dem das Bewußtsein vom Körper Besitz ergriff bzw. sich darin etablierte, als ununterbrochene dramatische Erfahrung erlebt, die einige Monate lang andauerte. Atmung, Herzschlag, Bewegungen und selbst die mühsamsten Anstrengungen liefen in mir für „mich“ durch ein anderes (doch untrennbar mit mir verbundenes) „Mich“ unermüdlich, mühelos und präzise ab. Das hätte bis zum Tod des Körpers führen können, denn alle normalen Grenzen körperlicher Ausdauer und Leistungsfähigkeit waren aufgehoben. Alle Funktionen wurden vom Willen vollbracht.

Alles basiert auf seiner Funktion, und Funktion ist das, was vom wunschlosen Willen ausgeführt wird. Das Verlangen des Egos zu existieren ist eine Funktion des Willens. Wenn das voll realisiert ist, hört jegliche Beziehung zwischen Ego und Verlangen natürlicherweise auf.

Ego und Erfahrung

Das Ego ist ein außerordentlich schönes Prinzip. Seine eigentliche Funktion besteht darin, den Organismus zu schützen und sein Wissen so zu organisieren, daß der Mensch von Augenblick zu Augenblick auf die Herausforderungen der ihn umgebenden Welt antworten kann. Es ist eine Straße bewußten Gewahrseins, der Antwort (und Reaktion).

Das Ego benötigt das Verlangen nicht, um zu funktionieren. Aber wie alle Dinge und Wesen benötigt es das Verlangen, um zu existieren. Wie wir gesehen haben, wird das Verlangen des Egos zu existieren dadurch befriedigt, daß es sich selbst innerhalb der Existenz erfährt – nicht nur indem es die Umwelt, sondern auch sich selbst als Persönlichkeit, als Informationen aufnehmendes und denkendes Prinzip bewußt wahrnimmt. Das Ego unterstützt die Interessen der Persönlichkeit, und immer, wenn sich die Persönlichkeit langweilt oder desinteressiert ist, bestätigt das Ego diese weiterhin in ihrer Existenz und lenkt die Persönlichkeit dadurch ab, indem es denkt. Und hier beginnen die Schwierigkeiten. Solange wir noch Wünsche haben, kann das Ego keine klare Antwort aus unserem Wesen übermitteln. Jede Herausforderung muß zunächst den nicht integrierten Persönlichkeits-Ego-Mechanismus durchlaufen. Anstatt diesen jedoch ohne Umwege direkt als Umwelt- oder Lebenserfahrung zu passieren, wird sie mit etwas verknüpft, von dem wir wollen oder nicht wollen, daß es geschieht. Wir reagieren nur auf die Herausforderung und verpassen so die intensive Erfahrung der Antworten unseres Wesens. Dann projizieren wir statt zu sehen (was notwendig ist) unsere Wünsche einzig auf die Situation und erfahren so die von Verlangen hervorgerufene Erwartungshaltung und Anspannung – den Wechsel von Glücklich- und Unglücklichsein. Diese Reaktivität muß aber zum Stillstand kommen. Mit anderen Worten, alle Reaktionen der Persönlichkeit (zusammen mit unserer Oberflächlichkeit) müssen verschwinden. Eine Reaktion findet statt, wenn ein gewisses Maß an Emotion vorhanden ist, welche dem durch unser Wünschen hervorgerufenen inneren Streß entspricht und sich spürbar nach außen entlädt.

Reaktionen agieren innere Einstellungen aus und ereignen sich immer dort, wo ein bestimmtes Maß an Emotionen verhanden ist. Eine Einstellung ist eine mentale Prägung, die durch Gedanken gebildet wurde, welche in der Vergangenheit um einen bestimmten Wunsch kreisten. Emotion ist der sichtbare Ausdruck einer aus dem Verlangen entstandenen inneren Überlastung – eine entsprechende „Bewegung“ nach außen. Je rigider die Einstellung, desto mechanischer und rascher erfolgt die Reaktion. Bald wird diese Reaktivität zur Gewohnheit, und das Individuum ist dann langweilig, berechenbar. Reaktionen erfolgen nie spontan, auch wenn das den Anschein haben mag. Auf eine Situation zu antworten ist etwas anderes als auf eine Situation zu reagieren. Antworten kommen spontan – sie sind eine fließende Bewegung, eine von sichtbaren Unterbrechungen, Mißtönen und Wertungen freie Wechselwirkung. Echtes Antworten vereint mit jeder Herausforderung, und das Ergebnis ist ein Ausdruck von Harmonie. Der Mensch hat drei Möglichkeiten, seine Existenz zu erfahren: die erste ist Selbstbehauptung; der Weg der Persönlichkeit und ihr Wunsch nach Macht. Die zweite ist Selbstbestätigung; der Weg des Ego und sein Sammeln von Erfahrungen. Die dritte ist Selbstnegierung; der Weg des wahren Wesens um den Zustand des Seins im „Nicht-Sein“. Diese drei Zustände stehen für den Rückzug der Identität aus dem groben Extrem der Persönlichkeit – über die bestätigende Erfahrung des Egos hin zu einem sich selbst genügenden Gleichmut, einer Ausgeglichenheit – eine Abwärtsspirale, bei der jeder äußere Lärm, Vorstellungen und die Einflüsse äußerer Umstände abnehmen.

Die scheinbare Rückwärtsbewegung auf den Zustand hin, an dem man „nichts“ ist, ist ein Rückzug, der zu einem neuen Anfang führt. Das Neue kann nur aus einen Zustand des Gleichgewichts hervorgehen, sonst wäre es nur eine Projektion dessen, was bereits war. Der „dritte Mensch“ ist ein neuer Mensch, der keine Dualität mehr braucht.

Es gibt nur Bewußtsein und Form. Ihre wahre Identität ist das Bewußtsein – nicht die Form, mit der Sie sich identifizieren. Bewußtsein ist „nicht-existent“ und hat demnach keine eigene Form. Sie können nur wissen, daß Sie existieren, indem Sie die Form, welche Sie annehmen, in Bezug auf irgendeine andere Form erfahren. Das ist die Form der Existenz, ein Zustand bewußter Dualität.

Das Verlangen zu existieren ist der unwiderstehliche Impuls des Bewußtseins, sich selbst in irgendeiner Form wahrzunehmen und zu erfahren, zu spüren, daß es in dieser Form existiert. Mit „Form“ meine ich nicht nur die physische Form. Das ist nur eine der vielen Formen, die Sie annehmen. Die Form, in der Sie sich selbst am häufigsten erfahren, ist die mentale – die Denk-Form, Ihre Gedanken. Die Inhalte Ihres Denkens sind völlig irrelevant. Die mentale Form ist der Denkvorgang an sich.

Ich sagte bereits, daß das Bewußtsein als Persönlichkeit in Form von Reaktionen in Erscheinung tritt. Diese Formen sind ebenso real wie physische Formen und als solche nur durch Aktionen beobachtbare Energieformen. Doch wie wir bereits in der Schule gelernt haben, ist Materie in Wirklichkeit Energie. Der einzige Unterschied zwischen beiden besteht darin, daß physische Form nicht beobachtbare Aktion ist, während energetische Form beobachtbare Aktion darstellt.

Weil Sie Bewußtsein sind, das sich mit seiner Form identifiziert, identifizieren Sie sich mit Ihrer Persönlichkeit. Reagiert die Persönlichkeit emotional, begibt sich das Bewußtsein auf die emotionale Ebene und in die Welt der Reaktionen. Mit anderen Worten: Sie werden emotional. Ihr Ego bleibt jedoch was es ist – Erfahrung ohne Emotion. Und wenn Sie sich in die Form des Egos begeben können – in reine, unverstrickte Erfahrung – können Sie die Identifikation mit der Emotion auflösen, so daß diese ihre Form nicht länger aufrechterhalten kann.

Abwesenheit von Emotion bedeutet nicht, daß auch keine Empfindung vorhanden wäre. Ganz im Gegenteil: Wenn Sie echte Freude oder Liebe erleben, sind Sie frei von emotionaler Reaktivität. Freude zu empfinden ist viel intensiver und schöner als jede Emotion. Wir alle kennen die Freude über Erfahrungen, die ohne Emotion ablaufen – zum Beispiel das einfache Gefühl, lebendig zu sein, oder die unaufdringliche Intensität der Liebe.

Das Ego erfährt das Leben immer als erfreulich und angenehm, bis Emotionen ins Spiel kommen. Das Problem ist, daß der Mensch immer wieder in emotionale Zurschaustellungen von Freude und Glück wie auch von Trauer und Wut zurückfällt. Doch auch während des gewaltsamsten emotionalen Ausbruchs schaut das Ego-Bewußtsein nur zu, es beobachtet die Aktivität der Persönlichkeit als Teil seiner eigenen Erfahrung. Weil das Ego während der emotionalen Reaktion unbeteiligt bleibt, tut sich hier für den Menschen der einzige Fluchtweg auf. Aber dieser Fluchtweg ist wie eine Leiter, die er rückwärts hinaufklettern muß. Bei jedem Schritt muß er der enormen Versuchung widerstehen, den einfachen Weg zu wählen und sich wieder hinunter auf die Sprossen der Emotion zu begeben. Emotionen spielen sich unterhalb der Ego-Erfahrung ab. All die Machenschaften, Frustrationen, Triumphe und das Leiden der Persönlichkeit bestätigen nur seine eigene Existenz. Hinter der Persönlichkeit bleibt das Ego distanziert und desinteressiert, sicher in seinen eigenen einzigartig positiven Gefühlen, und nimmt die Erfahrung ohne Schmerz in sich auf.

Sie denken vielleicht, jenseits des Egos könne nichts mehr sein, weil es den Anschein hat, als könne es nichts jenseits unserer Erfahrung geben. Aber das stimmt nur so lange, wie Ihre Erfahrung sich auf irgend etwas Bestimmtes bezieht. Verlangen erfahren Sie in Bezug auf das, was Sie begehren, Sprechen in Bezug auf Ihre Stimme, Denken in Bezug auf Ihr Gedächtnis, Glücksgefühl in Bezug auf Ihre Errungenschaften und so weiter. All das sind Formen der Erfahrung für das Ego, aber im Hinblick auf die gesamte, kontinuierliche Erfahrung des Lebens sind sie unvollständig .

Leben ist nicht nur Verlangen, Reden, Denken oder Lachen. Es ist alles – die nie endende Erfahrung des Lebendigseins. Um der „dritte Mensch" zu sein und über das Ego-Leben hinauszugehen, müssen Sie die Erfahrung erfahren, das heißt, die Erfahrung des Lebens sein – ohne Voreingenommenheit, Emotion oder Identifikation. Dann erfahren Sie das Ego, indem Sie über es hinaussehen.

Der Denker

Wir haben gesehen, auf welche Weise das Ego sich selbst durch das Wollen und Streben der Persönlichkeit erfährt. Es erfährt sich jedoch auch durch Denken. Das geschieht, um die Lücke zu füllen, welche entsteht, wenn Sie sich nicht mit etwas befassen, nicht reden, zuhören, fernsehen oder ein Buch lesen.

Wenn Sie denken, kommuniziert Ihr Gedächtnis – der Speicher der Vergangenheit – mit Ihnen. Daher erfahren Sie in Ihren Gedanken Eindrücke, die in der Vergangenheit entstanden sind – aber niemals die Gegenwart. Obwohl Sie unzweifelhaft lebendig sind, erfahren Sie dieses Lebendigsein beim Denken nicht.

Wie Sie wahrscheinlich wissen, ist „Ego" das lateinische Wort für „Ich". Der Wortstamm für den Begriff „Ego" ist irreführend, weil das Ego „Ich bin, der/die durch Erfahrung gewahr ist" bedeutet. Anders ausgedrückt kann „Ich" nicht von meiner Wahrnehmung getrennt existieren.

Noch irreführender ist die oft zitierte Aussage: „Ich denke, also bin ich". Das ist ebenso unlogisch, als würde man sagen: „Ich sehe einen Hund, also bin ich ein Hund". Man müßte eher sagen: „Ich denke, daß ich denke, also denke ich, daß ich bin" - ein Wortspiel, aber es entspricht zufällig der Wahrheit.

Wir denken, weil es da etwas gibt, das wir wissen möchten. Doch wir denken auch, wenn anscheinend kein Verlangen besteht, irgendetwas wissen zu wollen. Dieses Denken entspringt dem Verlangen des Egos, zu wissen, daß es existiert – und das ist das stärkste Verlangen in uns. Es strahlt Tag und Nacht von uns aus und tastet die Umgebung nach möglichen Gefahren ab. Es muß wissen, was vor sich geht, um uns schützen zu können. Also tauscht es sich unablässig mit dem Gedächtnis aus, welches alles Gesehene, Gehörte, Gerochene und Gefühlte auswertet. Zumeist sind wir uns dieser Aktivität nicht bewußt – wir würden verrückt werden, wenn wir es wären -, doch in Augenblicken, wo dies auf der bewußten Ebene geschieht, wird sie zu assoziativem Denken. So kann uns ein Briefkasten daran erinnern, daß die Gasrechnung bezahlt werden muß und so weiter. In solchen Fällen schützt das Ego nicht den Körper, sondern es bewertet die Situation im Sinne psychologischen Eigeninteresses. So sichert das Ego seine Existenz entsprechend dem Verlangen der Persönlichkeit. Es sorgt dafür, daß dem „Schlechten" widerstanden und „Gutes" umarmt oder erworben wird. Was weder gut noch schlecht ist, wird übergangen. Solange wir das Selbstinteresse des Verlangens haben, werden wir durch Gedanken und Erinnerungen stets damit verbunden, was immer das Objekt unseres Verlangens auch sein mag.

Denken ist stets die Art und Weise des Egos, sich selbst in der Existenz zu erfahren. Wo eine Person zu schwach ist, im Zustand des Nicht-Wissens allein zu sein, wird sie immer eine Stütze suchen, indem sie Zuflucht zu ihrem Gedächtnis nimmt und sich selbst durch Schwatzen, Diskutieren und überflüssige Worte oder Gesten bestätigt. Das Ego ist ein Prinzip, welches Gedächtnisinhalte mit Wahrnehmung verknüpft, eine Art zweispurige Straße des Verlangens, wobei es auf der einen Spur mehr Informationen hereinholt und sie auf der anderen Spur – meistens als Ausdruck der Persönlichkeit – wieder von sich gibt, um das eigene Wissen oder die eigene Existenz zu bestätigen.

Gedanken sind Symbole vergangener, im Gedächtnis gespeicherter Erfahrungen. Es ist unmöglich, sich eines Gedankens über etwas zu erinnern, das man nicht bereits erfahren hat. Man kann sich zwar etwas vorstellen, aber dieses Bild wird stets ein zusammengesetzter Eindruck von etwas sein, was man bereits weiß. Sie können sich nicht die Küche meines Vaters oder eine neue Tierspezies vorstellen, ohne wenigstens Bruchstücke von Informationen zusammenzusetzen, die Sie bereits haben. Was immer wir uns vorstellen oder durch Denken erschaffen, ist stets eine Neuanordnung von Vergangenem. Dabei geschieht Folgendes: Während wir die Welt wahrnehmen, speichern wir sensorische Symbole unserer Erfahrung im Gedächtnis. Auf Abruf tauchen sie aus dem Gedächtnis wieder auf und fügen sich in Gedankenketten ein, die wir als „Denken" bezeichnen. Denken ist ein Wiederkäuen. Es ist die verlangsamte, begrenzte und sekundäre Version einer primären Erfahrung.

Alles, was wir wahrnehmen und was uns an eine Einstellung erinnert, läßt einen damit in Beziehung stehenden Gedanken aus dem Gedächtnis aufsteigen, und wir fangen an, darüber nachzudenken. Der Selektionsmechanismus beruht auf unserem Verlangen, welches, wie wir bereits gesehen haben, stets Spannung oder Streß erzeugt. Bestimmte Gedanken werden gemäß der Spannungs-Intensität des Wunsches ausgewählt. Diese Spannung liefert die Energie, welche die Gedanken in den Denkprozeß eingliedert. Das einsetzende Denken erzeugt Emotion, jenen groben

Ausdruck einer durch das Verlangen hervorgerufenen Spannung. Je größer der Konflikt, desto stärker ergreifen diese Gedanken von uns Besitz und desto intensiver wird das Denken angeregt.

Wir denken, weil wir Dinge in Gut und Schlecht, Dein und Mein einteilen. Unsere Wahl wie unser Zurückweisen basieren auf unseren Wünschen und Konditionierungen, welche die grundlegenden Einstellungen fixieren, auf deren Fundament wir den „Denker“ in uns aufbauen. Diese Konditionierung beginnt mit „mein Körper, meine Familie, mein Haus“ und wird bald zu „meine Freunde, meine Feinde, mein Land, meine Überzeugungen“ und so weiter. Sobald uns irgend etwas daran erinnert, denken wir. Und gut und schlecht ist das, was gut und schlecht für diese „meine Dinge“ ist. Ist es überhaupt möglich zu leben, ohne Dinge und Menschen zu klassifizieren?

Wären unser Körper, unsere Familie, unser Land weniger sicher, wenn wir zu denken aufhörten? Sind sie in diesem Augenblick weniger sicher – obwohl Sie jetzt nicht denken und vielleicht nie wieder denken werden? Wenn in diesem Augenblick jemand Ihr Zimmer betritt und Ihnen mitteilt, daß Ihr Haus brennt, werden Sie ohne nachzudenken unmittelbar etwas unternehmen. Was also soll dieses ganze unsinnige Denken? Wir wenden es nicht an, wenn wir eine Handlung beginnen. Wir benutzen es nicht, wenn wir zuhören. Und wir setzen es mit Sicherheit nicht ein, um Liebe oder die Schönheit eines Sonnenuntergangs zu erfahren.

Tatsache ist, daß wir denken, wenn wir uns unserer Lebendigkeit nicht bewußt sind, wenn wir den Kontakt mit der Realität verloren haben. Denken ist Träumen, während wir uns einbilden, wach zu sein. Und ein Großteil unseres Geredes ist ebenfalls Träumerei – die sich in Worten anstelle von Gedanken ausdrückt.

Die Frage ist: Wie wissen wir, wann unser Denken und Reden Träumereien sind? Die Antwort lautet: Wenn wir den Fakten ausweichen.

Bitte folgen Sie aufmerksam, weil Sie in diesem Augenblick die Wahrheit dessen, was gesagt wird, *erfahren*. Sie suchen nach den Fakten. Daher denken bzw. reden Sie nicht. Den Tatsachen auszuweichen ist Eskapismus. Das Denken und meistens auch unser Reden ist ein Versuch, vor den Tatsachen des Lebens zu flüchten. Es ist schwierig und schmerzhaft, dieser Tatsache ins Auge zu sehen, denn es bedeutet unser Ende als ein sich selbst behauptendes, sich selbst bestätigendes Wesen. Durch Denken, Reden und Diskutieren versuchen wir, vor den Fakten davonzulaufen.

Einer Tatsache können wir nur ins Auge sehen, indem wir sie leben.

Sie müssen nicht denken oder reden. Leben Sie es einfach. Jetzt!

Solange Sie diese Tatsache nicht unmittelbar begreifen, verschwenden Sie Ihre Zeit.

Wir benutzen das Wort „Denken“, um einen mentalen Prozeß zu beschreiben, der zwei verschiedene Funktionen hat. Eine davon ist das Denken als eine Art des Träumens. Die andere gebrauchen wir, wenn wir Pläne machen oder eine Situation einschätzen wollen. Der Unterschied zwischen Planen und Denken besteht darin, daß wir zum Planen nur Fakten heranziehen, und das zu diesem Zeitpunkt stets in der Absicht, sie in Handlung umzusetzen. Handlung ist die Realität. Wir alle wissen, daß wir in einer Tatsachenwelt leben, die gnadenlos jeden zermalmen wird, der sein Handeln auf Phantasien und Tagträumereien gründet. In dieser Erkenntnis schauen wir uns, immer wenn wir etwas wirklich Wichtiges zu tun haben, die Situation genau an und handeln dann. Und wenn wir uns in den Zustand des „wachen Schlafes“, also in Wachträume flüchten wollen (dazu gehört auch das Sich-Sorgen-Machen), fangen wir an zu denken oder tauschen in unseren Unterhaltungen gegenseitig Träume aus.

Ich will damit nicht sagen, daß es falsch ist, zu denken oder Diskussionen zu führen. Da gibt es kein Richtig oder Falsch – es geht nur darum, die Tatsachen zu sehen. „Richtig und falsch“ sind wie „gut und schlecht“ – sie basieren auf angelernten Einstellungen. Wenn Sie zu etwas, das Sie tun, keine Einstellung haben und nur die Situation anschauen, dann sehen Sie nur die Fakten.

Das Optimum menschlicher Erfahrung liegt jenseits vom Denken und Reden als Bedürfnis.

Wird sich ein Mensch, der das zu erkennen beginnt, mit weniger als totaler fortdauernder Erfahrung zufriedengeben? Ist das nicht die Bewegung des Lebens – immer in Richtung der größeren Erfahrung? Und was ist mit denen, die diese Wahrheit nicht erkennen oder nicht daran glauben? Irren sie?

Sie mögen längere Phasen innerer Stille erleben, doch dann stellen Sie plötzlich fest, daß Sie wieder denken. Warum? Wie wir bereits gesehen haben, ist das Denken eine durch das Verlangen tief eingeprägte Gewohnheit. Wenn ein bestimmter Wunsch, ein Verlangen wieder vergeht, läßt er eine Furche oder Spur zurück, der unser Denken folgt – manchmal zum Verdruß von jemandem, der bereits Stille erfahren hat. Dieses „Schienen-Denken“ geschieht sporadisch und kann relativ schnell ausgehungert werden. Doch obwohl es nicht die Virulenz des Verlangens besitzt (eher die Stärke einer hartnäckigen Vorstellung), ist es oft ziemlich schmerzhaft, eine Gedankenspur auszulöschen. Wenn Sie es als Tatsache erkennen, daß Denken eine Art Schlaf ist, werden Sie anfangen, aufzuwachen. Sie werden immer weniger denken. Doch wenn Sie dieser Selbst-Entdeckung nur intellektuell gefolgt sind oder mir sogar zustimmen, werden Sie genauso viel weiterdenken wie bisher.

Der Redner

„Ich würde Ihnen gern ein paar Fragen über einige Dinge stellen, die Sie gesagt haben, und ein paar dieser Punkte mit Ihnen diskutieren, wenn Sie erlauben“.

„Nur zu. Wenn Sie eine Frage haben, bedeutet das, daß Sie das Faktum oder die dahinterstehende Wahrheit noch nicht gesehen haben. Aber erinnern Sie sich daran, daß Sie das Faktum oder die Wahrheit meiner Worte selbst erfahren müssen. Es genügt nicht, einfach die Worte aufzunehmen. In Worten kann man sich leicht verfangen. Wir müssen unseren Worten Realität verleihen, müssen ihnen Substanz geben, um sicherzustellen, daß wir von Fakten sprechen.“

„Zunächst einmal scheint mir Ihre Definition des ‚Denkens‘ ziemlich begrenzt. Ich vermute, es ist mehr als nur Tagträumerei und faktisches Planen. Und zweitens scheinen Sie die Schönheit der Vorstellungskraft loswerden zu wollen ...“

„Ist Tagträumen schön? Ist es schön, sich selbst in einer angenehmen Situation vorzustellen, die nicht existiert und wahrscheinlich niemals Wirklichkeit wird?

Wenn das Ihre Vorstellung von Schönheit ist – in Ordnung. Aber wenn Sie genauer hinschauen, werden Sie erkennen, daß es eine Selbsttäuschung und das einzig Schöne daran die Fluchtmöglichkeit ist. Denken wir auf die gleiche Weise über eine unangenehme Situation nach, nennen wir das „sich Sorgen machen“.

„Trotzdem scheint mir Denken viel realer zu sein als Träumen...“

„Wirklichkeit ist jetzt, also müssen wir das „Denken“ von dem sich kontinuierlich weiterbewegenden Punkt dieses Augenblicks aus betrachten, und das ist nicht leicht. Doch es ist von größter

Wichtigkeit: Solange Sie das Denken nicht in einen Bezug zu diesem Moment setzen, zu Ihrer eigenen Erfahrung des „Jetzt" als eine Aktion, werden Sie es nicht verstehen. Sie werden nur denken, es zu verstehen. Dann werden Sie tatsächlich als Denken existieren, und Denken kann sich, wie zum Beispiel auch Wut, niemals selbst verstehen. Es gibt kein „Denken" und seperates „Sie". Wenn Sie denken, sind Sie das Denken. Sie müssen diesen Punkt begreifen: Wenn Sie mit Denken beschäftigt sind, sind Sie der Denker, wenn Sie wütend sind, sind Sie Wut, wenn Sie nach etwas verlangen, sind Sie das Verlangen und so weiter. Wenn Sie nichts von all dem sind, wenn Sie nicht aus etwas heraus handeln oder agieren, das benannt werden kann, dann sind Sie wie „Nichts". Und in diesem Augenblick erfahren Sie die Realität.

Wenn Sie das begreifen, werden Sie erkennen, daß Denken dem Augenblick der Wahrnehmung immer hinterherhinkt. Halten Sie sich aber jetzt nicht mit dem auf, was ich gesagt habe, sonst fangen Sie an zu denken und verpassen, was noch kommt. Wenn es für Sie notwendig ist, das später noch zu reflektieren, werden Sie das ohne Anstrengung tun. Aber um jetzt zuhören zu können, *jetzt*, während das Gesagte frisch und neu ist, müssen Sie weitermachen, dürfen den Prozeß nicht unterbrechen, damit Sie die Fakten des Gesagten erfahren und nicht nur die Worte hören, so wie es bei Diskussionen der Fall ist."

„Ich kann nicht glauben, daß es falsch sein soll, zu diskutieren."

„Mit dieser Feststellung versuchen Sie, eine Diskussion in Gang zu bringen, indem Sie mir sagen, was Sie glauben. Wäre noch jemand anders hier und sagte Ihnen, was er darüber denkt, könnten Sie beide in einer Diskussion Ihr Verlangen nach Selbstbehauptung und Selbstbestätigung befriedigen. Und innerhalb kürzester Zeit würden Sie über Dinge reden, von denen Sie überhaupt nichts wissen.

Schauen Sie: Sie versuchen doch, sich selbst zu erkennen, und das führt Sie zur Erfahrung des „Nicht-Seins“ – der Abwesenheit von Glaubenssätzen und Überzeugungen, Diskussionen, Wünsche und jeglicher Versuche.“

„Aber diskutieren Sie nicht selbst über all diese Dinge?“

„Ich rede. Doch wenn Sie genau zuhören, zerstöre ich Ihr Bedürfnis, sich selbst zu behaupten – ich befriedige es nicht.“

„In Ordnung. Ich versuche, Ihnen zu folgen. Aber es ist schwer, insbesondere, weil Sie sagen, ich sollte es nicht versuchen!“

„Nicht versuchen“ ist etwas anderes als „Abwesenheit des Versuchens“. Etwas entweder zu versuchen oder nicht zu versuchen erfordert eine aktive, auf Selbstbehauptung gerichtete Haltung. Abwesenheit des Versuchens bedeutet wie ein ‚Nichts‘ zu sein.“

„Ja, aber warum sollte ich überhaupt ‚Nichts‘ sein wollen?“

„'Nichts sein wollen‘ ist natürlich sinnlos, denn was immer etwas will (oder nicht will), kann niemals ‚Nichts‘ sein.“

„Also muß ich wahrscheinlich mit dem Wollen aufhören wollen?“

„Sie können nicht mit dem Wollen aufhören wollen oder danach streben, nichts mehr zu wünschen. Das entspräche ja wieder dem Prozeß des Wünschens. Aber Sie können das Wünschen oder Verlangen in sich selbst während all der Augenblicke des Wünschens beobachten. Und dann können Sie anfangen zu erkennen, wie es funktioniert.“

„Aber Sie müssen doch zugeben: Um irgend etwas tun zu können, muß der Wunsch da sein, es zu tun. Wenn ich beispielsweise beschließe, mich hinzusetzen und zu meditieren, muß ich den Wunsch dazu haben."

„Müssen Sie das? Während Sie den Wunsch zu meditieren haben, meditieren Sie nicht. Wie können Sie irgend etwas tun und sich gleichzeitig wünschen, es zu tun?"

„Richtig, das ist unmöglich. Aber es muß doch zuerst ein Wunsch da sein. Beispielsweise muß ich den Wunsch verspüren, zur Arbeit zu gehen, bevor ich morgen zur Arbeit gehen kann."

„Lassen wir Sie als Wunsch einmal aus dem Spiel und warten ab, ob Sie trotzdem morgen zur Arbeit gehen."

„Nun, ja. Ich esse einfach mein Frühstück und gehe los. Aber Sie antworten nicht auf meine Frage. Ich sage, daß ich, ehe ich Ihnen irgendeine dieser Fragen stellte, den Wunsch hatte, sie Ihnen zu stellen."

„Nein, hatten Sie nicht. Sie haben die Fragen einfach gestellt."

„Aber ich habe vorher ‚gedacht'."

„Nur wenn Sie versuchen wollten, besonders schlau zu sein. Dann hatten Sie den Wunsch, sich selbst zu behaupten und mußten denken. Wenn Sie intelligent und aufrichtig wären, würden Sie einfach bei sich einen Mangel an Verstehen beobachten und von dieser Basis aus sprechen.

Beobachtung oder bewußte Wahrnehmung beinhaltet stets ihre eigene mühelose Antwort-Bewegung. Auf diese Weise weichen Sie auch einem heranfahrenden Auto aus oder stoppen eine Tür vor dem Zuschlagen, ohne erst darüber nachdenken zu müssen.

Wenn wir in uns einen Mangel an Verstehen wahrnehmen, sehen wir gleichzeitig, was nötig ist, um ihn zu beseitigen. Also stellen wir eine Frage oder hören weiterhin aufmerksam zu. Oder wir beobachten das, was wir verstehen, weiterhin in Relation zu dem, was wir nicht verstehen. Das ist ein Reflektieren, welches uns kontinuierlich mit unseren Lösungen versorgt. Aber es ist kein Wunsch damit verbunden, also auch kein Denken."

„Ich verstehe immer noch nicht. Nehmen wir an, ich beschließe zu meditieren. Dann muß ich also mit dem aufhören, was ich gerade tue, und mich hinsetzen. Ich muß doch aber zuerst den Wunsch verspüren, mit dem aufzuhören, was ich gerade tue."

„Das einzige, womit Sie aufhören, ist das Denken. Meditation ist ‚Nicht-Denken'."

„So bringt also Meditation das Wünschen zum Stillstand?"

„Wo kein Gedanke ist, da ist kein Verlangen. Also liegt in der Meditation eine Abwesenheit des Verlangens.

Sie können auch nicht denken, während Sie sich bewußt beobachten. Meditation ist also auch Beobachtung. Wenn Sie Wäsche bügeln und nicht denken, nehmen Sie mit Ihrem Körper an einer Aktion im Hier und Jetzt teil. Ihr Körper handelt und Sie beobachten. Das führt zu jener Erfahrung, die wir Gewahrsein oder bewußte Wahrnehmung nennen. Und das ist Meditation, ganz gleich, was Sie gerade tun.

Meditation ist ein geistiger Zustand der Wunschlosigkeit, Bewußtheit in Aktion ohne Gedanken. Doch man kann sich diesen Zustand nicht vorstellen, denn sobald ich versuche, mir etwas vorzustellen, handle ich aus einem Wunsch heraus. Und Verlangen kann keine Wunschlosigkeit kennen.

Wenn Sie intelligent zuhören, besteht die Möglichkeit, daß Sie sich plötzlich im Gesagten wiedererkennen, eine Beschreibung

Ihrer selbst in Aktion erkennen, und in diesem Augenblick – falls es eine lebendige Erfahrung und keine Schlußfolgerung ist – werden Sie verstehen. Aber Sie müssen dem Gesagten mit Ihrer eigenen Erfahrung folgen – mit Ihrer Erfahrung, Verlangen zu sein. Wenn Sie versuchen, mir mit Ihrem Verstand zu folgen, mit dem was Sie gelesen haben oder glauben oder mir von irgendeinem Punkt angesammelten Wissens folgen, werden Sie nicht verstehen. Sie werden lediglich Ihren Einstellungen etwas hinzufügen und noch weiter von der Wahrheit entfernt sein."

„Wollen Sie damit sagen, daß Einstellungen überhaupt keinen Wert haben?"

„Da müssen wir uns sicherlich erst einmal fragen: Warum haben wir Einstellungen? Wozu brauchen wir diese psychologischen Besitztümer – Ideen, Meinungen, Einstellungen? Wieso betrachten wir es als notwendig, diese Absonderungen abgestandener Gedanken mit uns herumzutragen?

Warum können wir nicht jeder Herausforderung als wir selbst begegnen – so wie wir sind? Glauben wir, uns in Erinnerung rufen zu müssen, was wir mögen und nicht mögen? Können wir nicht das Leben in jedem Augenblick frisch und neu entdecken, nicht in Gedanken, sondern in der reinen Empfindung des Lebendigseins?

Einstellungen und Meinungen sind Teil der Selbstbehauptung, ein Trick, um uns ein falsches Kontinuitätsgefühl zu geben. Um das zu verstehen, müssen Sie sich beobachten, während Sie Ihre Einstellungen und Meinungen zum Ausdruck bringen.

Der Mensch lebt in zwei unterschiedlichen Welten, er bewegt sich ständig zwischen beiden hin und her. Eine ist die Welt des bewußten Gewahrseins und antwortenden Handelns von Augenblick zu Augenblick. In ihr macht der Mensch die reine Erfahrung des Lebendigseins, hat keine psychologische Kontinuität und braucht auch keine. Er existiert als die Erfahrung. Und da es dort kein Denken und kein Versuchen gibt, gibt es auch keine Zeiterfahrung. Die andere Welt ist die der Selbstbehauptung, Selbstbestätigung und Befriedigung, sie ist immer ein Zeichen von Selbstbestätigung. Gefühle der Befriedigung oder Unzufriedenheit folgen unter Bezugnahme auf ein vergangenes Ereignis oder auf Gedanken, existieren deshalb in der Zeit und sind der Veränderung unterworfen. Dies sind also die beiden Welten – die zeitlose Erfahrung des Lebendigseins und die zeitgebundene der Befriedigung.

Wann drücken Sie Ihre Einstellungen und Meinungen aus? Wann handeln Sie auf der Basis Ihrer gespeicherten Erinnerungen? Nur wenn Sie sich an nutzlosen Unterhaltungen beteiligen? Mit „nutzlos" meine ich jede Unterhaltung, die Ihnen Befriedigung verschafft."

„Dann wäre es also, wenn es mir mit meiner Arbeit an mir selbst ernst ist, eine gute Idee, das Reden aufzugeben?"

„Weshalb stellen Sie eine solche Frage? Warum sollte irgend jemand auf die Idee kommen, das Reden aufzugeben? Diese Frage können Sie nur stellen, weil Sie nicht verstehen, was „Reden" ist. Verstünden Sie es, wäre die Frage unnötig und es gäbe kein unnützes Gerede. Und in diesem Sinne würden Sie das Reden teilweise aufgeben. Sie fragen doch auch nicht, warum Sie atmen. Sie wissen um die Erfahrung des Atmens. Wenn Sie alles verstehen würden, hätten Sie dann jemals das Bedürfnis zu sprechen? Vielleicht – wir können nicht sagen, daß Sie es nicht tun müßten –, aber müßten Sie jemals aus dem Verlangen heraus reden, die Fakten herauszufinden? Natürlich nicht. Wenn Sie verstehen, kennen Sie die Fakten. Wo Wissen ist, tauchen keine Fragen auf. In dem Maße, in dem Sie also das „Reden" verstehen, werden Sie mit dem Reden aus einem Bedürfnis zu reden aufhören.

„Aber, so wie ich die Dinge verstehe, muß ich versuchen, gewisse Dinge an mir zu ändern und den positiven Entschluß fassen, bestimmte Dinge aufzugeben."

„Sie müssen dieses selbstgeschaffene Entscheidungsproblem durchschauen. Was geschieht, wenn Sie beschließen, Dinge aufzugeben oder versuchen, sich zu ändern? Durch Versuchen ersetzen Sie lediglich einen Konflikt durch einen anderen. Wie z.B. könnten Sie versuchen, nicht wütend zu werden? Damit meinen Sie in Wirklichkeit, daß Sie versuchen wollen, Ihre Wut nicht auszudrücken. Aber in dem Augenblick, wo Sie das versuchen, sind Sie bereits die Wut. Ihr Versuch bedeutet also nur, daß dieselbe Wut versucht, sich selbst zu kontrollieren – ein hoffnungsloses Unterfangen, das in Ihnen einen schwelenden Konflikt zurückläßt."

Wie Reden und Denken muß auch die Wut verstanden sein – und dann gibt es keine Notwendigkeit mehr dafür."

„Der Schlüssel zu all dem liegt also in dem Wort ‚Notwendigkeit'?"

„Notwendigkeit wird selten richtig verstanden. Solange Sie psychisch irgend etwas nötig haben, genügen Sie sich nicht selbst. Das Bedürfnis zu reden ist unsere meistgebrauchte Krücke."

„Bedeutet das, daß im Laufe des spirituellen Lebens ein Zeitpunkt kommt, wo das Reden aufhört?"

„Können Sie in der Zukunft mit dem Reden aufhören? Beinhaltet das Aufhören ein Element der Zeit? Oder haben Sie aufgehört zu reden, nachdem Sie soeben noch gesprochen haben? Und befinden Sie sich jetzt, in diesem Augenblick, in einer *Abwesenheit von Reden*, welche zeitlos ist? Können Sie erkennen, wie ungeheuer bedeutungsvoll das ist? Können Sie erkennen, daß, wann immer Sie die Zeitform der Zukunft in Ihre Rede einführen, Sie sich selbst in die Zeit hineinprojizieren? In der Zeit kann das Fragen, das Reden, die Angst oder irgend etwas anderes unmöglich aufhören.

Ist es Ihnen möglich zu leben, ohne über die Zukunft zu reden? Ich kann das nicht für Sie beantworten, und für mich selbst kann ich es auch nicht. Denn wenn ich rede, bin ich in der Zeit. Aber wenn ich meine Antwort und mein Verstehen dessen, was gesagt wird, lebe, dann ist da kein Reden über die Zukunft; dann bin ich diese Abwesenheit und also zeitlos. Aus diesem allem muß also klar werden, daß das Reden und Denken über beabsichtigte Handlungen – im Unterschied zu ihrer Durchführung – uns in die Zeit, in den Wachschlaf unseres alltäglichen Lebens hineinprojiziert. Reden und Denken erschaffen Zeit. Und Handeln (als Abwesenheit von Reden und Denken) ist Zeitlosigkeit, bzw. die kontinuierliche Gegenwart – Jetzt.

Richtiges Schauen und Zuhören sind eine Zeitlosigkeit in Aktion. Sie handeln ohne Ziel. Sie richten Ihre Aufmerksamkeit auf das Thema, und die Fakten tauchen einfach in Ihrem Geiste auf.

Haben Sie jedoch ein Ziel, wie beispielsweise „spirituell" oder ehrlich oder gut oder freundlich zu sein, handeln Sie dagegen auf der Basis Ihrer Eindrücke, also beispielsweise gemäß Ihrer Vorstellung von Ehrlichkeit und nicht auf der Tatsachenbasis der Ehrlichkeit. So verwirklichen Sie lediglich Ihre eigene Idee der Ehrlichkeit, und das ist eine schreckliche Selbsttäuschung."

„Bezieht sich nicht jede Handlung auf ein Ziel oder Objekt?"

„Solange es die Vorstellung eines ‚Subjektes' gibt, wird auch stets die eines ‚Objektes' bestehen. Aber sobald ich das Subjekt bin – ‚Ich' –, verschwindet die Vorstellung von einem ‚Objekt', und nur das Faktum bleibt. Die Schwierigkeit für den Verstand besteht darin, daß ‚Ich' kein Faktum bin. Der Körper ist eine Tatsache, das Gedächtnis, Empfindung, Handlung sind Tatsachen. Aber ‚Ich' bin nicht etwas, dem objektiv Substanz – Faktum – verliehen werden kann, außer als Konflikt. Genauso wie Ehrlichkeit eine Vorstellung ist, die von der Gelegenheit zur Unehrlichkeit hervorgebracht wird, bin ‚Ich' eine Idee meiner selbst und existiere nur in Bezug auf das, was ich nicht bin. Ich besitze beispielsweise keine Kontinuität, außer in bezug auf meine Erinnerungen. Nicht wahr?

Bauen Sie vielleicht eine Brücke, wo keine gebraucht wird? Tun Sie irgend etwas, wozu keine Notwendigkeit besteht? Sehen Sie, wenn Sie intelligent handeln, nicht zuerst die Notwendigkeit zum Handeln? Ist die Notwendigkeit nicht das Faktum?

Wenn Sie die Tatsache sehen, daß ein Steg oder eine Brücke notwendig sind, handeln Sie und bauen diese. Was hat das mit Ideen zu tun? Nichts geschieht dabei, außer daß Sie das Faktum sehen und der Notwendigkeit entsprechend handeln. Und nur dann besteht die Möglichkeit zu etwas Neuem.

Sie haben Ideen und Vorstellungen, wenn Sie das Faktum nicht sehen können oder nicht danach suchen. Dann diskutieren Sie über Ihre Vorstellungen und entfernen sich damit immer weiter vom Faktum oder der Notwendigkeit des Handelns."

„Wollen Sie mir jetzt auch noch meine Ideen wegnehmen? Ideen sind für mich genauso wichtig, wenn nicht noch wichtiger als Fakten. Natürlich brauchen wir unsere Ideen ..."

„Ist denn Notwendigkeit nicht immer die Notwendigkeit zum Handeln? Aktion bedeutet Fakten in Bewegung. Gibt es etwas Ärgerlicheres als eine Person, die sich nicht an die Fakten hält, wenn Sie sich gerade daranmachen, eine Aktion durchzuführen?

Der Verletzte, der Verkehrsstau, das zerbrochene Fenster, das ungeschriebene Buch, die reife Ernte, die nächste Woche fällige Miete, die Schlange vor dem Kino – sind das nicht alles Notwendigkeiten, die ein Handeln erforderlich machen?

Welche Ideen oder Diskussionen sind Ihrer Meinung nach nötig, um einem verletzten Mann zu helfen? Er braucht weder Ihre Ideen und will auch nicht wissen, was Sie glauben. Er braucht das Beste, was Sie für ihn tun können, was immer das auch sein mag. Und seine Not wird es aus Ihnen in Form spontaner Aktionen herausreißen."

„Also ist spontane Aktion eine reine, echte Antwort auf ein Bedürfnis oder eine Notwendigkeit – ohne irgendeine Idee oder Vorstellung?“

„Ja, Aktion ohne Idee ist Aktion ohne ein Objekt, ohne die Präsenz eines ‚Ich‘ als ein separater Selbstgedanke. Wo reines Handeln stattfindet, gibt es nur die reine Wahrnehmung der Situation – so wie sie ist.

Alles exakt so zu sehen, wie es ist, würde bedeuten, jegliche Idee oder Vorstellung, jede mentale Klassifizierung der Erfahrung aufzugeben. Alles geschieht jedesmal wieder anders und verändert sich viel rascher, als es menschliche Wahrnehmung erfassen kann. Wir verlangsamen unsere bewußte Wahrnehmung, wenn wir unsere Erfahrung einordnen und in Worte fassen. Dann sehen wir nur Worte und Vorstellungen anstatt die Dinge zu sehen, wie sie sind. Doch in der reinen Wahrnehmung gibt es ebensowenig einen „Baum“ wie einen „Menschen“ oder ein „Ich“, das ihn wahrnimmt. Dies alles so klar zu sehen würde bedeuten, daß andere uns nicht länger als psychische Krücken dienen müßten, und die Notwendigkeit zu reden und unsere Ideen mit Worten zu vermitteln würde nachlassen. Und wenn die Tatsache unserer Selbstständigkeit bekannt würde, würde jene Traumwelt der Ideen, Vorstellungen, Worten und Diskussionen allmählich einer dynamischen Welt der Tat und der Wahrnehmung Platz machen.

Der Gipfelpunkt reiner Aktion ist nicht physischer Art. Die schnellste, flüchtigste und schönste Aktion in der Welt ist die Umwandlung von Bewußtsein, welches Liebe und Wissen ist. Das ist das Bewußtsein, welches nun in Ihnen heraufdämmert.“

Antwort und Reaktion

Die Reaktionen oder die Antworten eines Menschen auf die Welt hängen davon ab, wie tief eine Idee oder ein Impuls ihn durchdrungen hat. Ich werde Ihnen ein Modell des Menschen geben, das sieben Ebenen einer Reaktion oder Antwort auf die Welt umfaßt:

1 Physische Reaktion

2 Gedanken

3 Geisteshaltung oder Einstellung

4 Gefühl

5 Wissen

6 Sinnesempfindung

7 Sein

Die Ebenen 1 - 7 folgen ganz natürlich aufeinander, so daß ein aus der Welt kommender Impuls sich von der physischen Ebene hin zur Ebene des Seins bewegt, bis er auf einer dieser Ebenen anhält. Und da das Ganze wie eine zweispurige Straße ist, bewegt sich die Antwort oder Reaktion des Individuums in gleicher Reihenfolge durch die verschiedenen Ebenen wieder hinaus in die Welt. Wo diese anhält, hängt von der Reaktionsweise oder der Fähigkeit des Individuums ab, auf Impulse zu antworten.

Die Ebene der Gedanken ist auch die der Worte und Bilder und zugleich Ort ziellosen Denkens und Redens.

Die Ebene der Geisteshaltungen oder Einstellungen liegt ein wenig tiefer. Hier reagiert der Mensch aus seinen inneren Einstellungen und Überzeugungen heraus, und deren Substanz verleiht seinen Worten und Gedanken auf der darüberliegenden Ebene Gewicht und Festigkeit. Hier liegen die politischen und religiösen Überzeugungen des Menschen.

Hier fängt der Mensch auch an, zu argumentieren und zu streiten, weil er auf der Basis seiner Fixierungen oder „Zentren" reagiert. Ein Zentrum ist eine Idee, irgendein Fragment der Vergangenheit, das noch nicht sterben durfte – eine Einstellung gegenüber irgendetwas, ein Begriff davon, was es bedeutet, gut oder höflich zu sein, ein Ideal wie Moral, Anstand, Frieden oder ähnliche Tugenden. Derartige Zentren liegen wie Backsteine im menschlichen Geist – Verhärtungen, die er durch seine Erfahrungen geformt hat und aus denen er das zusammenbaut, was er seinen Verstand nennt, was aber in Wirklichkeit sein oberflächliches Selbst ist. Der „Verstand" ist nicht jene bedeutende Entität, für die der Mensch ihn oft hält. Er ist eine Funktion, identisch mit dem Multiplikationszeichen in der Mathematik. Und diese Funktion besteht im Bewerten und Beurteilen oder Klassifizieren von Dingen durch Vergleich mit den „Selbst-Zentren". Aus dieser Multiplikationssumme resultiert das unerschöpfliche Produkt des Redens oder Denkens ohne Plan und Zweck.

Die Mensch-Maschine ist, wie jede Maschine, selbst ein „Zentrum", allerdings mit einer Kapazität von nur begrenzter Reaktionsfähigkeit. Ganz gleich wie groß oder komplex man eine Maschine baut oder wieviel Information man in einen Computer eingibt, beide bleiben ein Zentrum begrenzter Reaktionsfähigkeit.

Als Nächstes folgt die Ebene des Verlangens und der Emotion, wo der Mensch das aufbewahrt, was er seine „Gefühle" nennt. Der Mensch handelt aus seinen Gefühlen heraus, wenn er ein Verlangen verspürt oder sich dies in Opposition zu den Selbst-Zentren der darüberliegenden Ebene befindet. Von hier aus regiert er als Verlangen, wenn er sieht oder begreift, daß da etwas ist, was er haben will. Und er reagiert auch von dieser Ebene aus, wenn er es nicht haben kann. Das ist die Basis gewalttätiger Auseinandersetzungen und der Wut.

Auf der fünften Ebene befindet sich Wissen. Eine aus dem Wissen kommende Antwort auf die Welt beseitigt alle Gefühle,

Überzeugungen, Glaubenssätze, Einstellungen und Gedanken der darüberliegenden Ebenen. Deshalb eleminiert dieses Wissen den Menschen als reaktionäres Prinzip und als „Verstand". Hier beginnt der antwortende Mensch.

Von dieser Ebene aus antwortet der Mensch auf die Welt, ohne zu reagieren. Seine Antwort, zurück durch die anderen Ebenen in die Welt hinaus gelangend, transformiert Verlangen und Emotion mit einer viel feineren Energie, die wiederum seine Einstellungen, seine Erstarrung und seine Argumente auflöst. Seine Antwort beseitigt Worte und die Notwendigkeit von Gedanken und erscheint schließlich auf der körperlichen Ebene als Lächeln, als eine Geste oder ein Akt des Verstehens. Wenn Wissen die Ebene des Verlangens und der Emotion passiert, erscheint es als Liebe, obgleich diese, wo sie mit einem Gefühl des Mangels verbunden ist, immer noch persönliche und selbstsüchtige Liebe bleibt.

In seiner feinsten Ausdrucksform agiert Wissen mit bewußtem Gewahrsein. Ein Mensch, der aus solchem Gewahrsein heraus handelt, tut das ganz offensichtlich ohne „Zentrum" – dieses Gewahrsein liegt weit unterhalb der Ebene psychischer Zentren. Solch bewußte Wahrnehmung hat kein aus Ziegeln gebautes Zuhause, festinstallierte Grundlagen für Urteile und Multiplikatoren einer falschen Zukunft, keine einengenden Erwartungsöffnungen. Während es die „Zentren" des Menschen durchquert, beseitigt es diese, löscht Fehler im Multiplikationssystem des Verstandes und sorgt dafür, daß die Gleichung von selbst aufgeht.

Bewußte Wahrnehmung ist Verstehen und Gedächtnis plus Aktion. Wenn es die Ebene der Worte und Gedanken passiert, erscheint es als spontane Antwort und als Freiheit des Ausdrucks.

Die sechste Ebene ist die der Sinneseindrücke der Empfindungen, die von jeglicher Identifikation als Emotion oder Verlangen gereinigt ist. Hier ist der Ort überpersönlicher Liebe, von Schönheit und Freude – des Fühlens. Wenn Liebe oder Freude von hier aus die Ebenen passiert, werden sie der Reihe nach transformiert. In der höchsten Ausdrucksform der Liebe kommuniziert allein die stille Präsenz unvermutet und direkt mit einem anderen Menschen, der in der Lage ist, ihr auf der darunterliegenden Ebene zu antworten, der sie als überpersönliche Liebe oder Wahrheit erkennen wird.

Ebene sieben ist reines Sein; Bewußtsein, als reine Wahrnehmung handelnd, absolut empfänglich und vollständig antwortend, aber ohne das Bedürfnis, als irgend etwas anderes als der reine Ausdruck des göttlichen Willens zu existieren.

Die allerhöchste menschliche Wahrnehmung ist grenzenlos im Antworten, und das bedeutet immerwährendes Leben oder Unsterblichkeit.

Beim oberflächlichen Menschen dringen die aus der Welt kommenden Impulse nur bis zu seiner Gefühlsebene vor; und sein Leben ist ein ständiges Reagieren auf die Welt. Der verantwortliche Mensch ist der antwortende Mensch. Und wenn er stets aus bewußtem Gewahrsein heraus handelt, ist er wahrhaftig verantwortlich für sein Leben.

Wenn ein Mensch zu einem verantwortlichen Individuum wird, geschieht etwas Merkwürdiges. Er braucht die Welt nicht länger dazu, daß sie diese Antworten aus ihm herauszieht. Während der oberflächliche Mensch wie ein Effekt in die Welt hinein reagiert, handelt der verantwortliche Mensch wie eine Ursache in die Welt hinein. Sein Wissen zerstört die Wirkungen, welche der oberflächliche Mensch mit seinen Reaktionen erschafft. Sein Verstehen löst die Reaktionen von Angst, Haß, Wut, Neid, Streit und Machtgier aus – wie Sie bereits selbst gesehen haben, wenn Sie etwas verstehen. Während der oberflächliche Mensch Schöpfer dieser Reaktionen ist, ist der verantwortliche Mensch deren Zerstörer. Der eine macht die Dinge kompliziert, der andere vereinfacht sie. Wenn

Sie etwas durch Reaktionen zerstören, hinterlassen Sie Feindschaft, Haß, Opposition, Krieg und rufen weitere Reaktionen hervor. Wenn Sie durch Verstehen zerstören, lassen Sie für eine Weile Frieden, Liebe oder Freude zurück.

Freude ist keine Reaktion. Sie ist eine Antwort. Sie ist Teil jener Aktion, die sie verursacht hat und bedarf keiner Zurschaustellung. Freude ist Empfindung ohne Objekt – mit anderen Worten, sie ist kein Gefühl, das mit Vorstellungen von gut oder schlecht oder mit irgendeinem Zentrum verbunden ist. Anhand des oben beschriebenen Modells menschlicher Reaktions- und Antwortebenen können wir sehen, wie der oberflächliche Mensch reagiert – wenn die Möglichkeit zur Freude besteht. Die erste Reaktion findet im Körper statt: irgendeine Art von Laut, Aufregung, Gelächter, Händeschütteln. Dann folgen Worte: „Ist es nicht wundervoll!" – bei einem unerwarteten Glücksfall oder der Geburt eines Kindes: „Wir werden jetzt so glücklich sein!" Und dann kommen die Einstellungen: „Aber wir werden jetzt vernünftig mit dem Geld umgehen müssen" oder „Wir müssen ihn katholisch erziehen". Dann die Emotionen: Das eingebildete Gefühl von Macht oder Stolz oder, wenn das Verlangen auf tatsächlichen oder eingebildeten Widerstand trifft, eine sich versteifende Hartnäkkigkeit oder Rachegefühle, wie etwa „Ich werde es ihm schon zeigen."

Im verantwortlichen Menschen ruft Freude keine Reaktion, sondern eine Antwort der Liebe hervor, welche er in seinem Innern fühlt und still ausstrahlt. Im Körperlichen macht sich seine Freude vielleicht als Lächeln bemerkbar, doch selten ist es mehr als ein Lächeln für diejenigen in seiner Umgebung, welche die Glückseligkeit der Liebe als reine Empfindung jenseits aller Zurschaustellung noch nicht kennen.

Freude kann man nicht feiern. Freude durch Tanzen zu feiern bedeutet einfach, daß man das Tanzen genießt, durch Trinken, daß man das Trinken genießt, und durch Reden, daß man das Reden genießt. Laßt die Tänzer tanzen, die Feiernden feiern und die Reen reden – denn diese Aktivitäten erzeugen eine Freude in sich selbst. Aber die Freude über eine Heirat, über die Geburt eines Kindes, die Liebe zu einem anderen Menschen empfinden Sie in der Stille Ihres eigenen Seins, da, wo Sie die Welt nicht mehr brauchen – aber wo die Welt beginnt, Sie zu brauchen.

Solange Sie in der Welt irgend etwas wollen, reagieren Sie. Was bedeutet das für Sie, für Ihr Leben? Nicht, daß Sie aufhören sollten zu arbeiten, zu essen, ein Auto zu kaufen oder sich zu vergnügen. Es bedeutet, daß Sie all diese Dinge tun, ohne nach ihnen zu verlangen, doch auch ohne das Verlangen, sie nicht zu tun. Etwas nicht zu verlangen ist ebenso eine Reaktion wie etwas zu verlangen. Wenn nichts begehrt wird und zugleich nichts nicht begehrt wird, ist ein Zustand des Gleichgewichts geschaffen. Das hat zur Folge, daß wir zur Arbeit gehen, essen, uns vergnügen, Lebensmittel oder Autos kaufen und all die anderen Dinge des alltäglichen Lebens erledigen – ohne diesen schrecklichen Kampf des Reagierens, wenn sich Dinge verändern, bedroht werden oder zu Ende gehen. Reaktion wird verursacht, wenn irgendeine Veränderung eintritt, und da das Leben aus nichts anderem als Veränderungen besteht, bietet sich in jedem Augenblick Gelegenheit zur Reaktion.

Reaktion ist der Wunsch, an der Vergangenheit festzuhalten oder etwas Neuem zu widerstehen. Das wird immer dann am deutlichsten, wenn die Veränderung bedeutet, daß Ihnen etwas genommen wird, nach dem Sie einst verlangten oder an dem Sie jetzt festhalten wollen.

Sie reagieren und leiden proportional zur Stärke Ihres Verlangens. Und wenn Sie etwas gewinnen und freudig reagieren, können Sie sicher sein, daß Sie beim neuerlichen – zwangsläufigen – Eintreten einer Veränderung mit Unglücklichsein reagieren. Jede Reaktion in Ihrem Leben ist eine Überkorrektur Ihres Kurses, die eine zukünftige Korrektur unvermeidlich macht.

Reaktion ist Streben nach Sicherheit. Und da es in dieser Welt keine Sicherheit gibt, wird die Reaktion in einem Bereich Sicherheit zu schaffen, auf den man reagiert. Das erfordert allerdings eine kontinuierliche Einengung, ein Verringern der Flexibilität, was sich in Form mißbilligender Wachsamkeit, ausschließenden Verhaltens, Unterdrückung und Zurückweisung zeigt. Alles Neue wird binnen kurzem in das Gewohnte und Vertraute zurückverwandelt. Diese grundsätzliche Bewegung ist sowohl beim Individuum als auch bei der Gesellschaft als Ganzes zu beobachten. Stets tendiert man dazu, einmal Existierendes zu bewahren und zu irgendeiner Form des Konservativismus zurückzukehren. Selbst Rebellionen werden von Reaktionären angeführt, und auch dort zeigt sich die gleiche Gesetzmäßigkeit. Junge Rebellen werden zu braven Familienvätern, Revolutionäre stürzen die alte Ordnung um und werden dann schnell selbst zu *Hardlinern* ihrer eigenen Ideologie.

Sowohl beim Individuum als auch in der Gesellschaft als Ganzes ist jede Reaktion anfangs (und von Augenblick zu Augenblick) ein Versuch, an etwas festzuhalten – ganz gleich, ob es sich dabei um ein Ziel, eine Idee oder eine Einstellung handelt. Ist eine Bedrohung oder Herausforderung erst einmal vorüber, versucht die betreffende Person oder Gesellschaft, aus einem neugewonnen Sicherheitsgefühl heraus zu antworten. Aber eine ehrliche Antwort ist unmöglich. Auch eine Geste aus sicherer Position heraus bleibt immer noch eine Sicherheitsreaktion, allenfalls eine Erweiterung und Modifikation ihrer selbst. Eine echte Antwort ist dagegen eine spontane Handlung, die keine Rücksicht nimmt, nicht einmal auf die eigene Bequemlichkeit oder das eigene Überleben (es sei denn, der Erfolg hängt von solchen Berücksichtungen ab).

Dieser Hang zur Selbsterhaltung bringt die uns bekannten sozialen Phänomene zutage: die sich wuchernd ausbreitende Inzucht von Komplikationen, die erstickende Vermehrung von Regeln, Gesetzen, Einstellungen und Meinungen, das immer enger werdende Netzwerk selbsterzeugter Starrheit um ein krankhaft weiches inneres Zentrum, ein „Fortschritt“, der nichts anderes als Selbstvergiftung ist, ein Vertrocknen, ein Schrumpfen bis zur völligen Lähmung und Stagnation.

Es ist offensichtlich, daß die Welt schließlich völlig gelähmt wäre, wenn sie lediglich von der Reaktivität des Menschen abhinge. Sein Sicherheitsbedürfnis würde ihn und seine Gesellschaft schließlich zerstören. Aber natürlich darf er sich nicht in Sicherheit wiegen. Da ist eine weitaus größere Energie am Werk, eine Bewegung, der keiner widerstehen kann. Diese Energie steigt nicht als Reaktion im Menschen hoch. Sie ist auch kein Impuls aus der Außenwelt, der wie ein Ball wieder in die Welt zurückspringt. Diese Energie wirkt vielmehr direkt von der tiefsten Ebene des Seins aus, wo der Mensch seinen Ursprung hat, in die Welt hinein. Für den nur reagierenden, oberflächlichen Menschen ist sie eine störende Kraft, die dazu neigt, Uneinigkeit und Zerstörung zu bringen. Wer jedoch wissend genug ist, zu verstehen oder alles vom Platz bewußter Wahrnehmung aus betrachtet, erkennt diese Kraft als die andere Seite der Medaille, die wesentlich zur Erfüllung des Lebenszwecks dient. Diese Kraft steht im Gegensatz zur Welt, zur Erhaltung und Bewahrung des Gewohnten. Sie ist eine Energie, die wieder Raum zwischen den auswuchernden gewohnheitsmäßigen Formen des Lebens schafft. Raum für Bewegung und Toleranz in der Welt. Sie kommt in Form von Unsicherheit, Ungewißheit daher, doch sie ist der segensvolle Wind der Veränderung: Tod. Ein anderer Name dafür ist Liebe.

Raum schaffen

Spontanes Antworten und gewohnheitsmäßiges Reagieren sind jene beiden entgegengesetzten Kräfte, die im Menschen gleichzeitig am Werk sind und in ihm oft tiefgreifende Konflikte verursachens. Im Hinblick auf eine einzelne Handlung oder Situation können sie einander absolut widersprechen. In solchen Augenblicken sieht sich der Mensch Dinge tun, von denen er weiß, daß sie völlig unsinnig sind, manchmal sogar in eine Katastrophe führen – aber er kann nicht damit aufhören.

Der Ehrliche ertappt sich bei Unehrlichkeiten, der Dieb gesteht gegen seinen eigenen Willen, die liebende Mutter verläßt ihre Familie, der untadelige Geistliche begeht unsittliche Handlungen. Gesunde Menschen sehen sich plötzlich als Sterbende und können es nicht glauben (nichts überrascht den oberflächlichen Menschen mehr als die Aussicht auf seinen eigenen Tod). Und es geht immer weiter: das Unerwartete, das Gegenteil, das Neue und die neuesten Nachrichten. Das Erstaunlichste an diesen Nachrichten ist die Tatsache, daß Zeitungsleser und Fernsehzuschauer Tag für Tag und jahrein, jahraus tatsächlich von all dem immer wieder überrascht werden.

Jede dieser Situationen bedeuten den Tod irgendeines vorhergehenden Zustands. Das Neue folgt immer auf den Tod von irgend etwas Altem. Aber um erkennen zu können, was der Tod in seiner Gänze überhaupt ist, müssen Sie Ihre Sichtweise ändern. Wir können den Tod nicht eingrenzen, indem wir sagen, er sei lediglich die Abwesenheit organischen Lebens. Leben kann nicht abwesend sein. Das ist unmöglich.

Was wir bei lebendigen Organismen als „Leben“ bezeichnen, sind eigentlich Reaktionen. Und das, was wir „Tod“ nennen, ist Wandel, Veränderung, das Ende einer bestimmten Serie von Reaktionen und das Kommen einer neuen Serie. Jeder Augenblick muß sterben, um dem nächsten Platz zu machen. Der nächste Schritt kann nur erfolgen, wenn die vorherige Position zerstört wird oder stirbt.

Wenn das Herz zu schlagen aufhört und das Blut nicht mehr zirkuliert, hört der Körper auf, auf jene Weise zu reagieren, die wir Leben nennen. Aber wie falsch wird in diesem begrenzten Sinne das Wort „Leben“ gebraucht! Als Leichnam antwortet nun der ganze Körper auf den spontanen und unvermeidlichen Vorgang des Verfalls, jenen wesentlichen Teil des Lebens, der neue Zustände herstellt. Aus dem sich auflösenden Leichnam stellt der Tod das Neue als organische Materie zur Verfügung. Und für jene, die an dem toten Körper hängen, bringt er auf der psychologischen Ebene das Neue.

Tod ist der Raum vor und nach dem Leben. Es gibt mehr Raum als Materie, mehr Tod als Leben, mehr Stille als Lärm. Tod ist die

Bedingung des Lebens. Jede Reaktion ist eine Folge des Todes von irgend etwas oder irgend eines Zustands. Leben ist Reaktion. Tod ist die Antwort.

Diese Antwort oder dieses Hindurchfließen des Todes durch den Menschen und alle Dinge in die Welt hinein gleicht einem tiefem Fluß. Die Richtung und die mächtige Kraft dieses Flusses sind unveränderbar, aber auf seiner Oberfläche täuschen die Winde und Wellen der Reaktion eine unabhängige Bewegung vor.

Wenn das Bewußtsein sich mit der Oberfläche identifiziert, stellt es sich die widerstreitenden Wechselwirkungen zwischen Wind, Strudeln und Wellen als „Leben“ vor. Die darunterliegenden Tiefen sind relativ unbewegt und daher uninteressant. Solange der Mensch nicht zu dieser tiefen, stillen, unwiderstehlichen Antwort wird, zu diesem zeitlosen Steuermann von Wandel und Leben, muß er auf der Oberfläche seines Wesens tanzen, humpeln, kämpfen und sterben.

Wenn der Mensch bei sich feststellt, daß er gegen etwas angeht, wozu er eigentlich entschlossen war, dann veranlaßt ihn sein tieferes Selbst, mit einer Einstellung oder Gewohnheit zu brechen, mit der er sich vorübergehend identifizierte.

Nehmen wir das Beispiel eines Mannes, der davon lebt, andere zu bestehlen. Er ist mit einem Reaktionszentrum in seinem Innern identifiziert, welches die Einstellung und Mentalität eines Diebes hervorbringt. Jede Herausforderung aus seiner Umwelt, die seine materiellen Bedürfnisse berührt, muß daher zunächst dieses Zentrum passieren. Bald wird dieses Muster also zu einer Gewohnheit. Doch irgendwann beginnt die Kraft des Todes bei diesem Dieb zu wirken, und er gesteht seine Tat oder wird erwischt, oder das Leben zerstört oder frustriert den „Dieb“ in ihm auf andere Weise. Nicht weil Stehlen falsch ist. Auf dieser Ebene gibt es kein Richtig oder Falsch, nur alle Einstellungen oder Fixierungen (Zentren) sind falsch. Sie korrumpieren und verzerren die reine Wahrnehmung, deren der Mensch fähig ist, und verzögern das Erreichen jenes erhabenen Bewußtseins, nach dem alles Leben strebt. Der Dieb ist wie jeder Einzelne von uns in erster Linie reine Wahrnehmung und erst in zweiter Linie Dieb. Dieses Diebmuster muß als Zentrum der Reaktion auf die Umwelt zerstört werden. Genauso wie der Ehrliche, die guten Eltern, der fromme Priester, der junge Sportler, der berühmte Arzt, die treue Ehefrau, der Erfolgreiche, der Erfolglose, der Arme, der Reiche alle zerstört werden müssen, sobald diese Ideen in irgendeiner Person, einem Zustand oder einer Sache zu Positionen oder fixierten Reaktionszentren geworden sind. Nichts ist von Dauer, alles wird niedergerissen, abgetragen, verändert. Besonders ist das im Menschen so, dessen Leid und Elend nichts anderes als die Zerstörung einer Einstellung oder eines „Zentrums" ist, die versucht, ihn zu benutzen und „er zu sein" – während der Mensch in Wirklichkeit nichts anderes als Raum und Bewußtsein ist, das alles durchwirkt und durch bestimmte Gehirne und Körper nach außen handelt.

Ein Mensch mag ein Dieb, ein Arzt, ein Dichter, ein Vater oder ein Pianist sein. Das ist er jeweils in Augenblicken, wo er tatsächlich Dieb, Arzt, Poet, Vater oder Pianist ist. Doch wenn er etwas zu sein versucht, während er etwas anderes tut, wird er aufhören zu agieren und beginnt zu reagieren. Das heißt, es wird eine Reaktion zwischen seiner Aktion (die von Moment zu Moment geschieht) und einem anderen Aspekt seines Selbst stattfinden. Das wird schnell zu einer Ineffizienz führen und schafft ein Zentrum von Streß, Gereiztheit oder Wut. Wann immer wir Emotionen spüren, geschieht genau das.

Nehmen wir das Beispiel eines Arztes, der frustriert ist oder sich Sorgen macht. Er ist über den reinen Akt des Arztseins hinausgegangen und reagiert von einem falschen Zentrum aus. Die Todeskraft will dieses Zentrum zerstören; nicht etwa die spontane, unbelastete Aktivität des Mannes, der seinem Beruf nachgeht, sondern jenes Zentrum einer Reaktion, Emotion oder Einstellung in ihm.

Der Mensch ist das Vehikel für Funktionen. „Arzt" z.B. ist eine Funktion von Augenblick zu Augenblick. Wenn der Mann gerade nicht Arzt ist, repräsentiert er eine andere Funktion wie Vater, Lügner, Liebhaber, Gastgeber, Ehemann, Hausherr, Langweiler.

Eine Person kann immer nur von Augenblick zu Augenblick als eine bestimmte Funktion existieren. Ein Mann, der erklärt, er werde, komme was da wolle, am hippokratischen Eid festhalten und der denkt, daß er dazu wirklich entschlossen ist, läuft Gefahr, in seinem Innern ein Zentrum aufzubauen, welches der Tod zermalmen muß. Er wird von diesem Zentrum aus reagieren und in Konflikte geraten oder vielleicht tatsächlich dazu getrieben, seinen Eid zu brechen. Der Eid kann für ihn jedoch nicht als Zentrum oder Einstellung existieren, wenn er ihn je nach den Erfordernissen des Augenblicks brechen oder nicht brechen wird. Dann ist er frei.

Nun bestimmen geschworene Eide nicht das Verhalten des Menschen. Aber Angst als ein Zentrum kann sein Verhalten bestimmen – Angst vor der Bestrafung durch das Gesetz, Angst vor Ächtung oder Statusverlust. Für die meisten Menschen sind solche Dinge selbstverständlich, und sie müssen sich nicht mehr auf einen Verhaltenskodex beziehen, der ihnen ihr Handeln von Augenblick zu Augenblick diktiert. Doch wenn das tiefere Selbst sie zu einer Übertretung zwingt, wird ein bestimmtes Zentum in ihrem Innern wahrscheinlich sensibel auf das, was andere denken oder sagen könnten, reagieren. Sie werden aus diesem Zentrum heraus reagieren und unter Gefühlen von Scham, Bedauern oder Reue leiden. Sie werden auf die Reaktion der Reaktionen anderer Leute reagieren. Der damit verbundene Schmerz entsteht, um jedes psychische Zentrum im Menschen aufzubrechen, welches er als Begrenzung seines grenzlosen Seins bewahren möchte.

Einstellungen und „Zentren" bedeuten Unwissenheit. Sie sind Verklumpungen des Selbst im reinen Strom der bewußten Wahrnehmung und des spontanen Handelns. Sie können aufgelöst werden, indem man zunächst einmal erkennt, daß sie vorhanden sind und dann ihre Grundlage untersucht, während sie in irgendeiner Reaktionsform verharren. Wenn Sie die vom Ursprung her falsche Annahme, auf die sich jede Einstellung gründet, entdecken, lösen Sie damit automatisch die ganze Fixierung und somit die gesamte Anhäufung von „verklumptem Selbst" auf.

Normalerweise ist der Mensch dazu nicht in der Lage, weil er ernsthaft glaubt, seine Zentren oder Einstellungen zu sein. So sagt er: „Ich bin ein Katholik" oder „Ich bin ein Sozialist" und „Ich glaube an ..." Ist der Mensch mit seinen psychischen Zentren so identifiziert, daß er sie nicht selbst auflösen kann, so muß das die Todeskraft für ihn besorgen. Das Resultat sind Anspannungen in Form von Streit, Frustration, Enttäuschung, Ernüchterung, Zweifel, Langeweile und Unbehagen. – alles Anzeichen für die langsame Zermürbung eines „Zentrums" oder einer fixierten Einstellung. Denn das Leben weiß, daß selbst der Dümmste nach den Ursachen in seinem eigenen Innern zu forschen beginnen wird, wenn es (das Leben) ihm nur genug Schmerz bereitet.

Das reaktive Verhalten des Menschen erzeugt alle Komplikationen, alles Häßliche und Künstliche. Alles Wertvolle und Schöne hingegen entspringt jener spontan antwortenden Lebenskraft, die durch den Menschen in die Welt dringt. Die Todeskraft ist ganz einfach die Antwort des Lebens auf den Versuch des Menschen, sich an irgend etwas – einen Standpunkt oder ein Zentrum – in seinem Innern zu klammern. Ein Mensch ist nicht mehr Arzt oder Dieb als er Vater oder Lügner ist. Er ist alles, was er tun oder sein kann. Um jedoch frei, kompetent und in Schönheit auf die Erfordernisse des Augenblicks antworten zu können, muß er er selbst sein – das heißt, nur jener stille, wahrnehmende Raum zwischen seinen einzelnen Handlungen bleiben. Der Mensch ist der Schnittpunkt für Tausende von Reaktionen, ein Spiegel für das

Angesicht der Welt. Aber als reine Antwort ohne „Zentrum“ verkörpert er all die Dinge, die er ist – ein spontanes Ganzes, das Leben und Tod in einer Welt hinter aller Reaktionen miteinander verbindet. Wenn er jede Handlung aufrichtig ausführt, hat er kein „Zentrum“ – dann ist er zugleich Erfahrung und ununterbrochene emotionlose Antwort auf seine bewußte Wahrnehmung.

KAPITEL 5

Sein eigener Meister zu sein setzt voraus, die ständige Gewißheit zu haben, daß jeder Augenblick des eigenen Lebens, selbst der des Todes, dem eigenen Willen entspringt.

Meister des eigenen Geistes zu sein bedeutet, über eine Dreihundertsechzig-Grad-Wahrnehmung ohne ein „Zentrum" zu verfügen. Diese bemerkenswerte Ausdehnung der Wahrnehmung geht mit einer mühelosen, sich von Augenblick zu Augenblick entfaltenden Selbsterkenntnis einher. Wenn dieses Wissen aus dem Bewußtsein in Form von Fakten über den Menschen und seine Existenz aufsteigt, hat man das universale Gedächtnis angezapft, das Wissen über die Vergangenheit, die Gegenwart und die sogenannte Zukunft. Und all das ist in Ihnen – jetzt. Die höchste Form des Lehrens geschieht in der Stille, in der Gegenwart eines Menschen von solch erhabenem Bewußtsein. Seine oder ihre Worte, ob gesprochen oder geschrieben und wie weise sie auch sein mögen, sind zweitrangig. Wichtig ist, daß das gesprochene oder geschriebene Wort gelebt wird.

Um sicher zu sein, daß alles, was Sie auf diesen Seiten entdecken, Sie selbst sind und nicht etwas, das irgend jemand anderer geschrieben hat, müssen Sie sehr still sein. Erinnern Sie sich daran, daß Sie diese Worte lesen müssen, ohne zu denken, daß Sie etwas wissen. Schauen Sie sich das, was gesagt wird, beim Lesen im Lichte Ihrer eigenen Erfahrung an. Wenn Sie sich selbst für einen kurzen Moment auf Ihren Gedächtnisspeicher beziehen, werden Sie das Wesentliche verpassen und zum Schluß mit einem Haufen Worte und einer strittigen Theorie dastehen – jedenfalls nicht mit der Wahrheit. Was ich sage, ist nur im Hinblick auf Selbsterkenntnis wahr, in Wort und Schrift ist es Täuschung.

Die Abwesenheit von Erfahrung

Würde man die Welt entfernen und durch nichts ersetzen, so bedeutete das ganz offensichtlich das Ende der menschlichen Existenz. Er würde zwar noch immer über sein Gedächtnis voller Informationen verfügen, aber über nichts Tatsächliches, auf das er sich beziehen könnte.

Die Welt ist eine Einrichtung, ein Instrument, ein Werkzeug, mit dessen Hilfe das Wissen aus dem Menschen herausgezogen werden soll. Ohne eine Welt fände im menschlichen Geist keine Bewegung, kein Austausch zwischen seiner Wahrnehmung und den in seinem Gedächtnis gespeicherten Daten statt. Der Durchschnittsmensch würde das als völlige Abwesenheit von Erfahrung erleben, als entsetzliche Einsamkeit. Für manchen würde es Selbstmord, Wahnsinn oder Schizophrenie bedeuten.

Vorübergehende Abwesenheit von Erfahrung ist jedoch ein relativ häufiger Zustand. Als ich sagte „Würde man die Welt entfernen“, waren das nicht einfach leere Worte, weil genau das in solchen Momenten geschieht. Die Welt ist tatsächlich entfernt worden, wenngleich nicht vollständig und auf Dauer.

Unsere Welt besteht aus unseren Erfahrungen, die wir mit und in ihr machen. Die in ihr existierenden Objekte sind nicht unsere

Welt. Erst unsere Erfahrung mit den Dingen macht sie real. Um also die Welt vom Menschen zu entfernen, muß man nur seine Erfahrung der Welt entfernen. Sie würden vielleicht sagen, daß der naheliegendste Weg der wäre, ihn zu töten. Nur entfernt man auf diese Weise zwar den Menschen, aber nicht die Welt, die ja über den Tod hinaus weiterexistiert, wenn auch die Fähigkeit, sie zu erfahren, mit dem Tode vergeht.

Die Abwesenheit von Erfahrung ist jedem von uns bis zu einem gewissen Grade vertraut. Dann zum Beispiel, wenn Sie etwas zu tun versuchen, weil es für Sie „gut" sein soll oder von Ihnen erwartet wird, obwohl man es eigentlich nicht wirklich tun will. Eine solche Handlung bringt Ihnen nichts als jene Leere, die Sie als Langeweile kennen.

Oder wenn Sie jemanden, den Sie einst liebten, nicht mehr lieben, aber versuchen, die Beziehung aufrechtzuerhalten anstatt sie zu beenden, kann die Gegenwart oder eine Berührung des oder der ehemals Geliebten Sie kalt lassen. Sie schauen sich bereits nach jemand anderem um, der es Ihnen ermöglichen soll, die Erfahrung der Liebe aufs Neue zu machen.

Das Auftreten einer „Abwesenheit von Erfahrung" kann sich in der Tat über das gesamte Spektrum menschlicher Aktivitäten erstrecken und ist die Basis seiner oberflächlichen Entwicklung, seiner reifenden Persönlichkeit. Totale Abwesenheit von Erfahrung über einen Zeitraum von Monaten oder Jahren ist jedoch sehr selten.

Völlige Abwesenheit von Erfahrung kann in Menschen stattfinden, die so weit gehen, sich selbst töten zu wollen.

Manche Selbstmordkandidaten zerstören sich selbst in einem verzweifelten, unbewußten Versuch, ihre Erfahrungs- oder Erlebensfähigkeit wiederzugewinnen oder weil sie sich vorstellen, dadurch der schrecklichen Qual der Abwesenheit von Erfahrung zu entkommen.

Manche Menschen töten sich selbst auf psychologischer Ebene, indem sie zulassen, daß die Abwesenheit von Erfahrung ihre Abhängigkeit von weltlichen Reizen zerstört. Diese Mystiker (so will ich sie hier bezeichnen) unterliegen dem Drang, sich über ihre Existenz als Reaktion auf die Welt zu erheben und so an der Verwirklichung des Bewußtseins teilzuhaben.

Im Falle einer Schizophrenie wird das Ego auf geheimnisvolle Weise der Erfahrung aus Beziehungen beraubt; normale oder auch notwendige Erfahrungen fehlen gewissermaßen. Um die Erfahrung seiner selbst dennoch zu ermöglichen, spaltet sich das Ego oberflählich in zwei oder mehrere separate Identitäten auf und schafft sich damit einen Ersatz für die normale Erfahrung der Außenwelt.

Da das Ego seine Oberflächen-Identität aufspaltet und neue Persönlichkeiten bildet, kehrt die Erfahrung der Welt zurück und es ist, als sei eine neue Person geboren worden. Das ist jedoch eine derart intensive und annormale Erfahrung, daß die Reaktion und Antworten auf die Welt und das eigene Verhalten sprunghaft und unvorhersehbar werden. Hier besteht die Gefahr antisozialer Reaktionen. Gleichzeitig erhöht sich aber die Wahrnehmung. Die betreffende Person macht möglicherweise Erfahrungen mit verschiedenen Aspekten der Realität und der psychischen Welt und spricht oder handelt dann auf eine Weise, die von normal wahrnehmenden Menschen als exzentrisch bis wahnsinnig betrachtet wird.

Den Zustand der Schizophrenie könnte man in etwa als Wahrnehmungsüberdosis bezeichnen. Visionen, innere Stimmen, Hellsichtigkeit, mediale Wahrnehmung von Farben, Energien und Gerüchen, die Auflösung des Körpers oder anderer Dinge, das Wissen um den Tod und die Bedeutung weltlicher Erfahrung – all das kann im Zustand erhabenen Bewußtseins auftreten. Viele dieser Erfahrungen übersteigen die Vernunft und lassen sich nicht in Worte fassen.

Alle Mystiker müssen im Prozeß der Verwirklichung schließlich die Phase des Nichterfahrens durchmachen und sich dabei dennoch all dessen, was geschieht, bewußt bleiben. Das ist der Unterschied zwischen einem Mystiker und einem Geisteskranken.

Mystiker können annormale Wahrnehmungen und höheres Wissen besitzen und transzendente Erfahrungen machen, jedoch bleiben ihnen ihre normalen Fähigkeiten dabei erhalten. Sie sind in der Lage, ihr Verhalten den akzeptierten Normen im üblichen, gesellschaftlich vorgegebenen Rahmen anzupassen, während sie die Dinge sehen, wie sie wirklich sind. In extremen Fällen erfordert das ein feinfühliges Aufrechterhalten des Gleichgewichts. Ein Mensch, der diesen Balanceakt lebt, kann zu einem Lehrer der Wahrheit werden.

Die durch Schizophrenie hervor gerufene Beziehungslosigkeit geht mit einer ungeheuren Einsamkeit einher, und ein Mensch, der nicht ausreichend darauf vorbereitet ist, kann wahnsinnig werden, das heißt unfähig, willentlich zur Normalität zurückzukehren. Mystiker, welche die Erfahrung der Schizophrenie durchmachen, sind in der Lage, ihr Gleichgewicht aufrechtzuerhalten, weil ihre Fortschritte auf dem Weg (in diesem Buch beschrieben) gleichsam eine Vorbereitung darauf sind. Vom allerersten Moment ihrer Hinwendung nach innen beginnen sie damit, (das Bedürfnis nach) Beziehungen zu Dingen, Zuständen oder Personen außerhalb von sich zu lösen.

Die Praxis der Meditation und der Selbstbeobachtung ist eine weitere Vorbereitung. Durch Selbstbeobachtung und eine jahrelange Praxis des Nichtreagierens löst der Mystiker seine Identifikation mit der oberflächlichen Persönlichkeit, zieht sich allmählich zurück und wird eins mit dem reinen Ego. Von diesem Platz in seinem Innern aus beobachtet er das tägliche Auf und Ab der Persönlichkeit. Er beginnt, sich zunehmend von deren schwankenden Stimmungen und vorübergehenden Freuden und Schmerzen zu entfernen.

Im letzten Stadium, wenn das Leben wirklich drückend wird,

empfindet der Mystiker wirklichen Schmerz, wenn gnadenlos auf die Persönlichkeit eingehämmert wird, denn seine Identifikation mit ihr ist noch nicht vollständig gelöst. Doch aufgrund seiner Vorbereitung lebt er stets in dem sicheren Wissen, daß er auch etwas anderes ist – das stabile Ego. Diese feste Überzeugung wird er behalten, denn sie erlaubt es ihm, auch während er leidet, sein geistige Gesundheit zu bewahren.

Das ist der Punkt der Verwirklichung, an dem manche Mystiker an Gott festhalten oder – wenn sie über das hinaus gehen – zu „Gott", dem reinen Ego werden, welches die ganze Zeit das Bewußtsein im Körper unterstützt hat.

Erst wenn die Identifikation mit der oberflächlichen Persönlichkeit vollständig gelöst wurde, wird das Ego als Gott gesehen. Doch auch das ist immer noch nicht der Zustand vollkommener Verwirklichung. Wenn das Individuum sich selbst als jenseits jeglicher Reaktion auf die Welt begreift, ganz eingetaucht, doch nicht wie das Prinzip der Liebe selbst darin verwickelt, verschwindet Gott als irgendetwas, das man sein oder werden sollte.

Als „Nichts" existieren

Jenseits von Denken und Reden zu sein, jenseits von Verlangen und Wünschen zu leben und kein Bedürfnis nach psychischer Kontinuität mehr zu verspüren, bedeutet als „Nichts" zu existieren.

Wenn Sie jemals plötzlich mitten in der Nacht aufgeschreckt wach werden, haben Sie etwa eine Idee davon, was das bedeutet. Oft erlebt man dann einen kurzen Moment furchtsamer Ungewißheit darüber, wo man sich befindet und wer man ist. In solchen Augenblicken erfahren Sie die Existenz ohne Gedächtnis und ohne Sinneswahrnehmung. Sie sind gleichsam Abwesenheit: des Körpers, der Welt und der psychologischen Kontinuität. Bliebe Ihnen nur genug Zeit, so würden Sie diese Abwesenheit von Beziehung als „Nichts-Sein" und „Nirgendwo-Sein" wahrnehmen.

Die gerade beschriebene Situation entspricht jedoch nur ungefähr jenem Zustand des Seins, in dem „Ich als Nichts existiere“. Der erwachende Schläfer bezieht sich immer noch auf irgend etwas außerhalb von ihm selbst, er will wissen, wo er sich befindet. Der Zustand reinen Seins indes ist eine unvorstellbare Selbstgenügsamkeit, bei der jegliche Abhängigkeit von Außenbeziehungen aufgehoben ist. Selbst die Beziehung zum Wissen verschwindet, und übrig bleibt nur das, was ist. Für jeden plötzlich in den Zustand des Nichts Gestoßenen wäre das eine teuflische, desintegrierende Erfahrung. Wir müssen nur den Verlust eines relativ kleinen Teils unserer Beziehungen erfahren, beispielsweise einen geliebten Menschen verlieren, um zu verstehen, was es bedeuten würde, plötzlich unsere Beziehung zu allem und jedem zu verlieren – zu Freunden, Geld, Arbeitsstelle, Familie, Aussehen, Besitz und zur Welt selbst. Aber genau das bedeutet es, als Nichts zu existieren. In etwa macht uns die große Strömung des Lebens schon nach und nach damit vertraut. Und jene, die immer noch ihre Glaubenssätze haben und ihre Meinungen und Diskussionen brauchen, werden davor bewahrt, die Wahrheit zu schnell zu sehen; sie gehen den allmählichen Weg des allmählichen Verstehens und der stufenweisen Erfahrung.

Sie werden allein sein, wenn Sie das Geheimnis des Todes entdecken, doch Sie werden genauso allein sein, wenn Sie das Geheimnis des Lebens entdecken.

Wenn Wünsche und Beziehungen zur Genüge zerschlagen wurden, erkennt das Individuum die Unsterblichkeit. Das ist ein psychologischer Übergang, in der sich die Furcht vor dem Tod wie auch das ängstliche Wesen einer Person für immer auflösen.

Dieser Erfahrung kann ein Gefühl nahenden Todes vorausgehen, und es kann so überzeugend sein, daß der Betreffende möglicherweise damit beginnt, Anweisungen zu geben, was mit seinem persönlichen Besitz nach seinem Tode geschehen soll. Damit bezieht er den nahenden Tod auf das Physische, obwohl dieser gar nicht in die geistige Verwirklichung einbezogen ist.

Eine Erfahrung dieser Art unterscheidet sich völlig von jenem mystischen Einssein mit der Natur, welches zu der Überzeugung führt, daß die Unsterblichkeit eine Tatsache ist. Diese Realisation ist zugleich ein Teilnehmen an der Tatsache, nicht nur deren bloßes Sehen. Sie verleiht ein immerwährendes Wissen, denn das einfache Wunschmuster ist zu schwach, um sich je wieder einzumischen. Bei einer mystischen Erfahrung ist das Wunschmuster nur zeitweise außer Kraft gesetzt, so daß die Überzeugung, man sei unsterblich, hauptsächlich als intellektuelle Formulierung zurückbleibt, und damit bleibt auch die Angst bestehen.

Da es keinen Tod gibt, wie wir ihn uns vorstellen, versteht die Person, welche eine solche Verwirklichung erfährt, nicht sofort, daß sie gestorben ist oder den Punkt des Todes durchgangen hat. Sie versteht nur, daß es keinen Tod gibt – nur immerwährendes Leben. Doch wenn sie dann zurückschaut, erkennt sie, daß sie „tot" ist, wobei der Punkt des Todes nur eine Auseinandersetzung zwischen dem ist, was sie vorher wußte und dem, was sie jetzt weiß. Der Todeszustand ist gleichbedeutend mit Abwesenheit von Erfahrung und ein Zeitraum höchst unangenehmer Verwirrung. Bei mir dauerte er etwa sechs Wochen lang an. Einerseits hatte ich die unerschütterliche Gewißheit, daß das Individuum unsterblich ist, auf der anderen Seite, in der Welt, war ich schrecklich orientierungslos, unentschlossen und von einer unglaublichen Wunschlosigkeit. Die einfachste Entscheidung, schon allein auf welcher Seite ich aus dem Bett steigen sollte, konnte zu einem qualvollen Zustand der Spannung und Unsicherheit werden. Doch dann erlebte ich die Wiedergeburt, diese unbeschreibliche Erfahrung, neu zu sein. Die Unentschlossenheit wich einem umfassenden Wissen der Gewißheit und Freude über die individuelle Aufgabe und die Einheit mit dem Zweck des Lebens.

Jede Phase der Verwirklichung scheint in sich selbst vollständig zu sein, aber die Erkenntnis des Bewußtseins hat kein Ende.

Die nächste Phase kam für mich drei Jahre später als transzendentale Realisation. In diesem Zustand besteht eindeutig die Möglichkeit des physischen Todes. An einem bestimmten Punkt beobachtete meine Wahrnehmung, wie Herzschlag und Atmung aussetzten, und sie sah zu, wie der Körper unabhängig von diesen beiden Funktionen überlebte.

Was da beobachtete, war keine aus einer höheren Position im Raum auf den Körper niederschauende, seperate Entität, wie das bei außerkörperlichen Erfahrungen der Fall ist. Ich kann diese Wahrnehmungsfunktion nur als „integrales Gewahrsein" bezeichnen. Ihr Umfeld ist der reale Körper, das reale Sein. Für diese Wahrnehmung ist der physische Tod weder materiell noch immateriell.

Ich erwähne das Aussetzen des Herzschlags und der Atmung – weil es bei dieser umfassenden Realisation nur eine geringe Rolle spielt –, um auf das damit verbundene persönliche Drama hinzuweisen. Die mit einer solchen Realisation verbundenen Erfahrungen sind so annormal, vielfältig und kontinuierlich, daß selbst die Leichtgläubigsten und Wohlwollendsten unter Ihnen Schwierigkeiten hätten, mir zu glauben, es sei denn, ich würde sie im Kontext meines gesamten Lebens beschreiben.

Tatsächlich verlor ich in fünf Tagen sechzehn Pfund an Gewicht und nahm sechs Wochen lang keine feste Nahrung zu mir. Mein Körpergewicht hielt sich etwa ein halbes Jahr lang bei zwanzig Pfund unter dem Normalgewicht, obwohl ich große Mengen kohlenhydratreicher Nahrung zu mir nahm, was bei mir sonst sehr schnell ansetzt. Einige Leute fragten, ob ich nicht todkrank sei. Doch der Gewichtsverlust und die Auszehrung wurden nicht durch Nahrungsmangel hervorgerufen, sondern durch die neue Energie, die eine Metamorphose im physischen und emotionalen Körper verursachte. Während der kritischen Phase ersetzte diese Energie alle Nahrung und erhielt ein erstaunliches Kraftreservoir im Körper aufrecht, trotz seines kränklichen und abgemagerten äußeren Erscheinungsbildes. Auch bestand kaum noch die physische Notwendigkeit zu schlafen; der Schlaf wurde zu einer neuen Dimension bewußter Wahrnehmung jenseits der Traumwelt. Im Wachzustand erhob sich die Wahrnehmung über die Vernunft und die Kontinuität hinaus, dorthin, wo nichts außer dem Nichts existiert.

Ich bezeichne diesen Verwirklichungsprozeß als „transzendental", weil die bewußte Wahrnehmung wie von außen in die Schöpfung hineinschaut und sich plötzlich selbst in Relation zur komplementären, aber niederen Funktion der Liebe, des Schöpfers, erkennt.

Nur Möglichkeiten

Der Mensch muß lernen, nur in Möglichkeiten zu leben. Solange er die Einstellung hat, daß auch sein nächster Schritt sicher sei, agiert er aus einem „Zentrum" heraus. Existiert er aber in einem Zustand des Nichtwissens, sind alle seine Einstellungen automatisch aufgelöst. Das hört sich so an, als trete ein Gedächtnisverlust auf, und in gewisser Hinsicht stimmt das auch. Während es sich aber bei der Amnesie um einen unfreiwilligen Gedächtnisverlust handelt, ist der Zustand, von dem ich spreche, ein permanentes Wirken des Willens, das jeden unerwünschten Bezug zum Gedächtnis ausschaltet.

Ohne ein Bezugnehmen auf das Gedächtnis gibt es auch kein Wissen. Schauen wir uns das ein wenig genauer an. Um sicher zu sein, daß Sie etwas wissen, muß zunächst ein Konflikt in Ihnen stattfinden, es muß ein Wunsch zu wissen vorhanden sein. Alles, was Sie wissen, ist in Ihrem Gedächtnis gespeichert. Sobald Sie sich vom Gedächtnis abtrennen, können Sie nicht mehr wissen, was Sie wissen. Sie nehmen nur noch das wahr, was jetzt in diesem Augenblick geschieht. Dann ist Ihr Handeln eine reine Antwort auf die jeweilige Situation. Sie brauchen nicht auf Ihr Gedächtnis zurückzugreifen, außer wenn Sie Fakten überprüfen müssen, etwas planen oder eine Situation anschauen. Das nimmt im Laufe des Tages nur wenig von Ihrer Zeit in Anspruch. Die restliche Zeit könnten Sie in einem Zustand reinen Gewahrseins, reiner Erfahrung des Augenblicks verbringen, ohne irgend etwas außer dem, was gerade vor sich geht, wissen zu müssen.

Auch wenn Sie ein Auto steuern und nicht denken, sondern einfach die Erfahrung genießen, benötigen Sie Ihr Gedächtnis nicht. Sie steuern das Auto aus dem Wissen, das Sie durch Ihre Fahrpraxis erworben haben. Einige Ihrer Bewegungen scheinen unbewußt abzulaufen, aber die Intelligenz, welche Ihre Körperfunktionen von Augenblick zu Augenblick steuert, liefert in jeder Situation die richtige Antwort. Nur ein Anfänger muß über das Fahren nachdenken.

Was bedeutet es, nur in Möglichkeiten zu leben? Sie verlassen morgens das Haus und erkennen die Möglichkeit, zur Arbeit zu gehen, aber Sie treffen keine Entscheidung, das zu tun. Sie gehen Ihren Weg von Augenblick zu Augenblick, warten an der Bushaltestelle, ohne eine Entscheidung zu treffen, ob Sie den Bus besteigen werden oder nicht, bis zu dem Augenblick, wo der Bus eintrifft und Sie nun diese Möglichkeit nutzen – oder eine andere, die bis dahin noch nicht sichtbar war. Vielleicht fährt ein Freund mit dem Auto vorbei und nimmt Sie mit. Vielleicht bricht jemand in der Schlange der Wartenden zusammen und Sie bleiben da, um zu helfen. Vielleicht haben Sie etwas vergessen und müssen nach Hause zurückkehren. Nichts ist sicher. Das anzuerkennen bedeutet zu wissen, daß es keine Entscheidung gibt.

Das Leben ist, wie es ist – die Tatsache, die der Mensch leben muß. Alles andere ist Einbildung, ganz gleich, wie überzeugend die Gegenargumente klingen mögen.

Der Mensch muß letztendlich diese Wahrheit erkennen. Doch es reicht nicht, sie nur zu sehen. Er muß sich ihr stellen und sie leben.

Welche Möglichkeit wird zum Faktum? Selbstredend diejenige, die Sie ergreifen, wie Sie jetzt vielleicht die Möglichkeit aufgreifen, sich hinzusetzen und zu lesen oder zuzuhören – mit der stets gegenwärtigen Möglichkeit, im nächsten Augenblick damit aufzuhören und aufzustehen. Findet da nun eine Entscheidung statt? Nein. Nur wenn Sie sich vom gegenwärtigen Augenblick entfernen. Dann bringen Sie den Wählenden ins Spiel, womit die Notwendigkeit, eine Entscheidung zu treffen, sichtbar wird.

Wahl ist kein Faktum in der faktischen Welt des Augenblicks. Sie ist eine Erscheinung in der Welt der Erscheinungen.

Durch Möglichkeiten bereitet das Leben Sie auf mögliches zukünftiges Handeln vor. Möglichkeiten sind die einzige mentale Aktivität, die sich nicht stoppen läßt. Um in Möglichkeiten zu leben, müssen Sie sie verwerfen, sobald sie sich bieten. Tun Sie das nicht, fangen Sie an zu denken und entfernen sich vom gegenwärtigen Augenblick. Sie müssen da ganz unerbittlich sein.

Die Möglichkeiten als solche bieten sich immer nur ganz kurz an. Manchmal bekommen Sie fünf oder sechs Möglichkeiten für eine mögliche Handlung. Sobald eine auftaucht, muß sie als Möglichkeit wahrgenommen oder beobachtet werden. Der Beobachter sollte vom Zustand des Nichtswissens ausgehen, so daß die Möglichkeit weiterziehen muß. Doch wenn sie echt ist und keinem Verlangen entspringt, werden Sie die Situation kurz ins Auge fassen und alle relevanten Fakten für eine kritische Auswertung dieser Möglichkeit heranziehen. Das bereitet den Verstand auf einen Handlungsablauf vor, mit dem er sich identifizieren kann, falls die Möglichkeit zum Faktum werden sollte. Dann schlagen Sie sich das Ganze aus dem Kopf und kehren zum Zustand des Nichtwissens zurück. Tun Sie es nicht, fangen Sie an zu denken.

Tauchen mehrere Möglichkeiten auf, werden Sie feststellen, daß einige von ihnen sich hartnäckig halten. Also untersuchen Sie jede von ihnen, wenn sie auftaucht, um zu sehen, ob sie irgendwelche neuen Fakten liefert. Dann machen Sie Ihren Kopf wieder frei von allem – wie sehr Sie auch versucht sein mögen, über sie nachzudenken.

Auf diese Weise müssen Sie die verschiedenen Möglichkeiten auseinanderhalten. Ist der Augenblick zum Handeln gekommen, werden Sie eine von ihnen aufgreifen. Dann wird es keinen Konflikt und keine Wahl geben.

Vielleicht stellen Sie auch vor dem Augenblick des Handelns fest, daß alle Möglichkeiten außer einer inzwischen verschwunden sind. Sie haben dann vielleicht das Gefühl, zu einer Entscheidung gelangt zu sein. Die Welt der Erscheinungen ist eine Welt des Auswählens. Gehen Sie in Ihrem Leben nicht von der Voraussetzung aus, daß Sie in fast allem eine Wahl haben? Wenn Sie dies bejahen, leben Sie in einer Welt der Erscheinungen und nicht in der Faktenwelt. Sehen Sie aber das Leben wie es ist, werden Sie erkennen, daß es für den individuellen Geist überhaupt keine Wahl gibt. Dann ist jede Wahl nur eine Fiktion. Wenn ich von einer „Welt der Erscheinungen" spreche, denken Sie vielleicht, es sei das Gleiche, als würde ich sagen, daß diese Welt in Wirklichkeit nicht existiert. Doch ganz offensichtlich existiert die Welt mit allem, was sich darin befindet. Es geht also nicht um die Frage, ob die Welt existiert, sondern darum, ob Sie, der Wählende, existieren. Nähmen wir Sie weg, lebte das, was übrigbleibt, in einem Augenblick, wo es keine Wahl gibt. Die Welt existiert genauso weiter, wie sie ist. Und Sie existieren ebenfalls weiter, nur sehen Sie jetzt die Dinge, wie sie wirklich sind, ungetrübt von einer Konfliktsituation der Wahl, welche nichts anderes als eine Kollision machtvoller Wünsche ist.

Wenn Sie nicht akzeptieren können, daß es in Wahrheit keine Wahl gibt, muß ich Ihnen sagen, daß Sie bei einer Wahl zwischen Akzeptanz und Nichtakzeptanz niemals die Wahrheit erkennen können. Hier muß die Frage deshalb lauten: Wie kann ich mich vom Wählenden in meinem Innern befreien? Nur durch Handeln werden Sie den Wählenden los. Reden und Denken sind hier nicht der richtige Weg, es sei denn, Sie schauen nach den Fakten. Reden und Denken sind Träumerei, und nur in dieser Traumwelt scheint es eine Wahl zu geben. Der Wachtraum als Tatsachenerscheinung existiert allerdings für die meisten Menschen, und dem müssen Sie ins Auge sehen. Doch wenn Sie sich dem in Ihrem eigenen Innern stellen und handeln (indem Sie sich nie mit Gedanken und Worten von der Tatsache entfernen), verschwindet der Wählende. Nur dann wissen Sie, was Wahllosigkeit ist.

Jenseits der Traumwelt

Die Traumwelt ist die Welt des Gedächtnisses. Hier existieren wir als Träumen, während wir schlafen, und als Denken – Tagträumen –, während wir wach sind. Das Gedächtnis ist das Umfeld des Verstandes. Die Welt des Verstandes besteht aus Gedanken und Worten außerhalb der Tatsache des gegenwärtigen Augenblicks. Auf diese Weise betritt der Verstand als ein Wachtraum die Welt, die tatsächliche physische Welt, da wo wir handeln.

Der Verstand ist kein Faktum. Er ist eine Illusion, ein dünnes Netz eingebideter Beziehungen, Er schafft persönliche Umstände, Verstrickungen und begrenzte individuelle Verantwortlichkeit – Reaktionsmuster aus Gründen, Erklärungen und Ausreden.

Lassen Sie uns damit beginnen zu schauen, wie Wahrnehmung ohne den Verstand funktioniert. Der Verstand wird feststellen, das sei absurd, weil er nicht über sich selbst hinausgehen kann. Doch wenn Sie diesen Punkt in Ihrem Innern erreicht haben, werden Sie seine Wahrheit erkennen. Sie werden bereit sein, vom flukturierenden Prinzip umzuschalten. Denn darum geht es bei der Entwicklung des Bewußtseins oder Lebens. Wahrnehmung, Körperlichkeit und Gedächtnis sind die drei „Umfelder" des Menschen, seine drei Ebenen der Existenz. Wahrnehmung ist ein Faktum. Gedächtnis ist ein Faktum und der Körper ebenfalls. Wenn lediglich diese drei Funktionen im Menschen aktiv sind, löst sich der Verstand auf oder wird transzendiert. Doch das kann man nur wirklich verstehen, wenn man es erfährt. Dieser Zustand liegt jenseits des Begriffsvermögens und läßt sich nicht in Worte fassen.

Und doch erfahren Sie ihn, wenn Sie einfach im gegenwärtigen Augenblick anwesend sind oder leben.

Wenn der Mensch redet oder denkt, reagiert er nur selten auf die Herausforderung des gegenwärtigen Augenblicks. Bei reiner, bewußter Wahrnehmung lebt der Mensch im gegenwärtigen Moment und antwortet nur auf dessen Herausforderung. Ich möchte Ihnen die Feinheit dieser Tatsache veranschaulichen: Wenn Sie eine Frage stellen wie zum Beispiel: „Was ist Ihre Einstellung zum Selbstmord?“, kann und wird ein Mensch, der von der Verstandesebene her reagiert, eine Antwort geben. Wenn Sie aber mir diese Frage stellen würden, müßte ich aus dem Augenblick heraus antworten: „Einstellungen sind Produkte des Verstandes und angesammltes Gestern. Vom Ort reiner Wahrnehmung aus läßt sich also diese Frage nicht beantworten.“ Wenn Sie Ihre Frage dann umformulieren und mich fragen würden: „Ist Selbstmord richtig oder falsch?“, müßte ich Ihnen entgegnen: „Selbstmord ist wie Regen eine Tatsache. Wie kann er also falsch sein?“ Eine Tatsache ist eine Tatsache, weil sie existiert und nicht, weil sie richtig oder falsch ist. Der Verstand bewertet etwas als richtig oder falsch. Die Wahrnehmung sieht die Tatsache. Dann urteilt der Verstand darüber. Das schafft eine halluzinatorische Welt, einen Wachtraum, dessen künstliche Realität überwältigend ist. Aber das ändert nichts an der Tatsache, und Selbstmord ist eine. Als nächstes könnten Sie dann fragen: „Verzögert oder hemmt Selbstmord den Fortschritt in der Bewußtseinsentwicklung einer Person?“ Darauf würde ich antworten: „Alles, was geschieht, ist richtig, sonst würde es nicht geschehen. Wie also sollte Selbstmord weniger zur Weiterentwicklung des Bewußtseins beitragen können als irgendetwas anderes? Selbstmord ist nur Tod.“ Sie merken: Die Unterhaltung wird unerfreulich, ja nutzlos. Es gibt kein Bewerten, also gibt es auch keine Antworten – nur Fakten.

Tatsachen also solche sind überhaupt nicht befriedigend. Das liegt daran, daß der Mensch nach Antworten sucht, wo es keine gibt. Und das tut er pausenlos. Die meisten Unterhaltungen bestehen deshalb fast nur aus leeren Wertungen und Spekulationen, aus einer seltsam zufriedenstellenden, doch nie endenden Bedeutungslosigkeit. Sobald Sie nach Tatsachen Ausschau halten, erstirbt die Konversation und wird zu einer Absurdität, einem Redetraum schlafwandelnder Männer und Frauen.

Die Selbstmordfrage hat nur Bedeutung, wenn sie sich auf eine Herausforderung im gegenwärtigen Augenblick bezieht. Es ist keine Herausforderung, Sie zu fragen, was Sie tun *würden*. Sie wissen es nicht – es sei denn, Ihr gewohnheitsmäßiges Denken hat sich so tief eingeprägt, daß Sie so langweilig und berechenbar wie eine Maschine geworden sind.

Wenn Sie mich anrufen und mir mitteilen, daß Ihr Freund kurz davor ist, Selbstmord zu begehen, und mich fragen „Was soll ich tun?“, werde ich antworten. Aber was, kann ich Ihnen jetzt nicht sagen. Wenn Sie auf mich zukommen und mir sagen, daß Sie sich umbringen werden, werde ich ebenfalls antworten. Aber auch in diesem Fall kann ich vor dem wirklichen Augenblick nicht sagen, was ich tun werde. Vielleicht sage ich: „Nur zu, bringen Sie sich um.“ Ich weiß es nicht.

Sie wenden vielleicht ein: „Ich würde niemandem zureden, sich umzubringen! Ich würde versuchen, das zu verhindern.“ Aber da spricht immer noch Ihr Verstand. Tatsache ist, daß Sie nicht wissen, was Sie tun würden. Alles sind nur Möglichkeiten. Nur wenn Sie keinen Unsinn von sich geben, nicht einmal daran denken, indem Sie sich das Opium und die Behaglichkeit des unterentwickelten Massenbewußtseins versagen, leben Sie das Leben der Wahrheit und umgehen den träumenden Verstand.

Aus all diesem Gerede und all solchen Spekulationen besteht der Verstand. Er hat keine tatsächlich-physische Existenz, außer als reaktives Prinzip. Im Schlaf, im Koma oder unter Narkose scheint der Verstand sich zurückzuziehen oder ganz zu verschwinden. Aber das scheint nur so. Das Gehirn registriert ständig alle körperlichen Reaktionen auf die Umgebung und empfängt Signale von den physischen Sinnen. Im Schlaf und auf anderen Ebenen des Unbewußten arbeiten die Reaktionen des Gehirns auf die physische Welt gedämpft oder abgeschwächt, und die Einwirkung der physischen Umwelt ist entsprechend reduziert. Insoweit zieht sich tatsächlich die Welt zurück, weicht aus oder verschwindet.

Dann übernimmt das Gedächtnis als beherrschende Informationsquelle das Regiment und sorgt für das Umfeld des Schläfers; eine *Second-Hand*-Version der Erfahrung im Wachzustand – ein Traum.

Schläfrigkeit tritt auf, wenn sich die Geschwindigkeit der die Welt erschaffenden Signale, welche das Gehirn empfängt, verlangsamt. Umgekehrt fühlen wir uns um so wacher und „lebendiger", je schneller die Signale gesendet werden. Während des Schlafes entsteht durch das verlangsamte Eintreffen der Signale ein reduziertes tatsächliches Umfeld. Der Bezugsrahmen für die Wahrnehmung beschränkt sich auf das Gedächtnis und die schwachen Empfindungen des untätigen sensorischen Systems, das uns mit der Welt verbunden oder „am Leben" hält, so wie wir es kennen. Doch die Wahrnehmung bleibt konstant. Während ein Umfeld in den Hintergrund tritt oder (wie im Schlaf oder im Tod) verschwindet, tritt ein anderes an seine Stelle. Im Schlaf oder bei Bewußtlosigkeit sind es das Gedächtnis oder die Traumwelt, die nun zur herrschenden Erfahrung werden. Gewahrsein ist das Wahrnehmen der Bedeutung eines bestimmten Umfeldes. Wenn die sensorischen Signale schneller werden und wir uns wacher fühlen, erhöht sich auch das Potential unseres Gewahrseins; ihre Wirksamkeit hängt tatsächlich von fehlendem Versuchen und Wollen ab.

Die existierende physische Welt ist eine „Niederfrequenz-Schöpfung". Die niedrige Frequenz verursacht eine Bewegung, aus der Raum und Zeit fließen. Steigt die Geschwindigkeit oder Frequenz der sensorischen Signale über einen bestimmtes Niveau, wird die Kapazität der normalen Sinneserfahrung überschritten. Als Ergebnis beginnen die physische Welt und die in ihr enthaltenen Objekte sich aufzulösen. Hochfrequente Signale erreichen schließlich einen Aktivitätszustand, wo sogar Bewegung selbst und damit Zeit und Entfernung verschwinden. Hier beginnen die formlosen, reinen Energiefelder.

Wenn wir träumen, liefert uns das Gedächtnis nur bereits bekannte Informationen. Die Handlungsabläufe in Träumen werden hauptsächlich von drei Reizen bestimmt:

• niederfrequente sensorische Signale (Berührung, Hitze und Kälte, Geräusche usw.), die weiterhin auf das Gedächtnis einwirken und assoziatives Träumen auslösen;

• gespeicherte oder unterdrückte Gefühle;

• hochfrequente Impulse, die für das „kreative" Element beim Träumen verantwortlich sind.

Unsere prophetischen oder kreativen Träume entspringen unserem tiefsten Inneren in Form eines Energieimpulses. Dieser Energie steht im Menschen kein Ausdrucksmittel zur Verfügung, außer den ihr ungefähr entsprechenden Daten und Informationen, die im Gedächtnis gespeichert sind. Wir können nur im Rahmen dessen träumen oder denken, was wir bereits erfahren haben. Da das Gedächtnis sich aus der Vergangenheit oder dem Alten zusammensetzt, muß die Realität das Neue oder die Zukunft mit Hilfe dieses Materials aus zweiter Hand ausdrücken. So träumen wir in alten, vertrauten Begriffen, selbst wenn die Situationen neu zu sein scheinen. Manchmal nehmen wir jedoch die Empfindung dieser hinter den erinnerten Worten oder Bildern stehenden Energie mit ins Wachbewußtsein hinüber. Das kommt der Wahrheit in uns sehr viel näher, obwohl die Energie sofort verzerrt wird und dazu nicht mehr neu ist, sobald wir sie in Worte oder Vorstellungen übersetzen, indem wir darüber nachdenken, reden oder schreiben. Die Empfindung als solche ist zeitlos. Wir bringen sie in die Zeit hinein, indem wir sie ausdrücken.

Da ich vom selben Platz aus spreche und schreibe, muß natürlich auch das, was ich niederschreibe, bereits alt und verzerrt sein, selbst wenn das, was ich sage, relativ neu ist. Aber wenn Sie nicht versuchen, über das Gelesene nachzudenken, wenn Sie die Energie hinter meinen Worten wahrnehmen, ohne zu versuchen, sie in Worte zu fassen oder auszudrücken, berühren Sie das Bewußtsein, welches diese Worte hervorbrachte. Aus der Vergangenheit kann nichts wirklich Neues kommen, nur Reaktion oder Abwandlung. Aber es ist nicht zu leugnen, daß etwas die vertrauten Formen auf neue originelle Weise benutzt, um das Neue auszudrükken, so wie die Kunstfertigkeit oder der Genius des Malers die begrenzte Auswahl an Farben seiner Palette benutzt, um ein Kunstwerk zu schaffen. Die Quelle solcher Kreativität muß jenseits der im Gedächtnis gespeicherten Worte, Bilder und Konzepte liegen. Das Neue muß in einem Zustand der Stille aufsteigen, wenn kein Ideal, kein begehrtes Objekt existieren, wenn man keine Normen, keinen vorgegebenen Plan erfüllt – denn das wäre der Schlafzustand. Nur wenn wir nicht versuchen, wollen, denken, reden, wenn Einstellungen und Konzepte verschwunden sind, kann Schöpfung entstehen – Freiheit des Ausdrucks und des Antwortens.

Eine Wiedererschaffung ist eine fachmännische, schlaue oder geschickte Kombination von im Gedächtnis gespeicherten Formen; sie taucht als Kopie von etwas bereits Existierendem auf. Eine Schöpfung oder ein Kunstwerk entsteht ebenfalls aus einer Kombination von Formen und Beziehungen, aber es bringt das Neue, das Meisterstück hervor. Was aber ist diese verborgene Zutat, welche das Rembrandt-Portrait, die Henry Moore-Skulptur, das Mozart-Konzert von der Arbeit eines ausgezeichneten Kopisten unterscheidet? Was ist Inspiration, Genius? Es ist die reine Wahrnehmung, die durch die anderen beiden Umfelder im Menschen wirkt – durch das Gedächtnis und die körperliche Empfindung, wobei das Gedächtnis der niedrigsten Frequenz entspricht und dabei am wenigsten wichtig ist.

Die wahre Inspiration des Genies ist die Empfindung des Körpers unterhalb aller Worte, Einstellungen, Wünsche und Emotionen. Reine Empfindung ist ein Ton, der von der Realität zum Klingen gebracht wird.

Da nun das Gedächtnis das Umfeld des Verstandes ausmacht, welcher seinerseits aus einer Ansammlung von Reaktionen des Individuums besteht, ist es eine völlig subjektive, enge und exklusive Welt.

Wenn jedoch die Wahrnehmung hinter das Gedächtnis und tiefer in den Menschen dringt, befindet sie sich in einem Umfeld, wo der Mensch seine Individualität als Verstand-Gedächtnis-Emotion verliert und zur neuen Erfahrung von Empfindung-Wissen-Liebe wird. Ohne die alte Individualität mit ihrer persönlichen Geschichte wird ein neuer Sinn von Individualität mit ungeheurer Wirkung erfahren. Das ist die Wiedergeburt, nach der mystische und esoterische Lehren streben.

Reine Wahrnehmung

Die Wahrnehmung in uns ist etwas unbeschreibliches Absolutes, und wir wären uns ihrer nicht gewahr, träte sie nicht in einem bestimmten Umfeld oder einer „Welt“ in Erscheinung.

Da sie absolut ist, ist sie nicht individuell. Eine individuelle Wahrnehmung so wie ein „Ich“ oder ein „Du“ gibt es nicht. Alles ist Wahrnehmung. Wenn es der Mensch nur begreifen könnte – es gibt nichts anderes als Wahrnehmung, die jetzt all ihre eigenen Welten gleichzeitig beinhaltet. Wir müssen uns ihrer Wahrheit jedoch aus der Dualität nähern, und das ist bereits schwer genug.

Unser Eindruck, Wahrnehmung sei individuell, wird durch unseren Bezugsrahmen erzeugt. Unser Bezugsrahmen ist das sensorische System unseres individuellen Körpers in Verbindung mit all den Daten, die es hervorbringt. Ganz gleich, was Sie sich vorstellen oder für wie abstrakt oder abstrus Sie irgendeinen Gedanken halten, er ist stets eine abgewandelte Erfahrung, welche die Sinne übermittelt haben. Sie können nur innerhalb dieses Bezugsrahmens denken, er enthällt alles, was Sie wissen und aus dem Gedächtnis in Form von Informationsstücken extrahieren können.

Solange Sie sich innerhalb dieses Bezugsrahmens bewegen, sind Sie selbst der Rahmen, diese durch begrenztes Wissen aufgezwungene Begrenzung. Jene unbegrenzte, ungerahmte, datenfreie Wahrnehmung, die alle Bezugsrahmen aufrecht erhält, sind Sie nicht.

Daten werden hauptsächlich in zwei Schichten oder Aspekten des Gedächtnisses gespeichert: als Worte und Gefühle – d.h. als Begrenzungen. Nicht die Wahrnehmung ist begrenzt, sondern die Sinne und die durch sie erzeugten Daten und Bezugsrahmen.

Die Wahrnehmung in uns ist in der Lage, jedes Umfeld oder jede Welt jetzt, in diesem Augenblick, zu erfassen. Sie nimmt in der Tat auch die abstraktesten Energiewelten jetzt, in diesem Augenblick, wahr. Aber wir sind uns dessen nicht bewußt, weil wir mit dem sensorischen Bezugsrahmen des Körpers und den daraus resultierenden Werten identifiziert sind.

Der Mensch ist immer die Begrenzung, die er sich selbst auferlegt. Die Tatsache, daß er sich selbst als „Mensch" betrachtet, ist eine der grundlegendsten Begrenzungen, die ihn begrenzen.

Was ist ein Mensch?

Ein Körper? Ein Verstand?

Solange der Mensch diese Begrenzungen akzeptiert, bleibt er ein Körper/Verstand. Und die Begrenzungen werden zu seiner Umwelt. Die Interaktion zwischen Körper und Verstand ist das, was er „Umstände" nennt, die zu seiner begrenzten Lebenserfahrung werden – zur Welt des Menschen. Der Mensch muß sich über den Verstand, über die Umstände erheben, so daß seine Wahrnehmung sich seines Körpers und dessen Aktionen als reines Entfalten seiner selbst gewahr ist. Es ist wie beim Autofahren; man muß nicht involviert sein. Wenn die Wahrnehmung von Anfang an nicht in die Aktion eingebunden ist, besteht ihr Umfeld aus einer Welt von Tatsachen und jener Freiheit, die kein Bemühen und kein Versuchen kennt. Hat der Mensch diese Wahrnehmungsebene erreicht, wird der nächste Schritt im Bewußtsein darin bestehen, sich über die Welten der physischen Tatsachen und Formen zu erheben, um in reiner Energie oder im Raum reiner Wahrnehmung zu existieren.

Bevor man weitergehen kann, ist es nötig, etwas von der Bedeutung des „Raumes“ zu verstehen. Seine metaphysischen und realen Äquivalente sind der Schlüssel zur Wahrnehmung und zu höherer Erfahrung. In der physischen Welt kann kein Objekt ohne Raum existieren. Es gäbe keine Sonnenuntergänge, kein Lächeln, keine Musik, kein Reden, kein Denken; wir könnten noch nicht einmal unser Essen kauen. Es würden überhaupt keine Beziehungen existieren. Die Existenz, wie wir sie kennen, ja sogar die Wahrnehmung würde scheinbar verschwinden.

Sie müssen sicher sein, daß Sie dies begreifen: Das Wort, das Sie lesen, oder der Klang, den Sie hören, existieren nur, weil es zwischen ihnen einen Raum gibt.

Tatsächlich kann man sogar sagen, daß der Raum der Schöpfer oder zumindest der Erhalter der Gestalt der Materie (und auch der Schönheit ihrer Wechselbeziehungen) ist. Was macht aus einer Tasse ein brauchbares Gefäß? Ihr Material oder der Raum in ihr?

Liegt die Schönheit einer Skulptur in der Gestalt ihrer Form? Oder liegt sie in der Gestalt des Raumes? Wieviel eines Gemäldes oder einer Fotografie ist Raum? Liegt nicht das Drama jeder Situation in jenem Raum zwischen zwei oder mehr Willenshandlungen, in der Spannung und Aufregung, dem Kleinerwerden des Abstands? Ist Übereinstimmung nicht gleichbedeutend mit Abwesenheit von Raum? Und ist die Abwesenheit von Raum nicht das Ende des Kampfes? Und ist das Ende des Kampfes nicht das Ende der Schöpfung?

Die Merkmale des Raumes sind: Abwesenheit von Widerstand, schöpferische Stille und aktionsvolles Nichts. Raum ist Aktion, die sich als „Materie“ und Bewegung manifestiert. Materie ist eine Bezeichnung unserer Vorstellung, die wir dem unvorstellbaren Einwirken der Sinneswahrnehmung auf das „Nichts“ gegeben haben. Tatsächlich ist Materie für uns gar nicht wahrnehmbar. Alles was wir wahrnehmen, ist Form. Form besteht aus Raum, bis hinunter zum Atom, und dies verschwindet schließlich in der Energie, die wiederum eine andere Form des Raumes ist. So bewegt sich die Welt und existiert als Form im Raum. Was ist Form? Form ist die Verfälschung des Raumes, ein Stück Raum, das von der Zeit verbogen wurde. Im Raum gibt es keine Zeit. Raum ist absolut, Zeit ist es nicht. Zeit ist relativ in Bezug zur Geschwindigkeit und hängt deshalb von Bewegung ab. Raum hängt von nichts ab. Und „Nichts" ist Wahrnehmung – zeit- und bewegungslos. Raum ist also der Zustand der Wahrnehmung. Mit anderen Worten: Sie sind identisch.

Wirklichkeit

Was können wir über die Wirklichkeit wissen? Eigentlich nichts, obzwar wir entdecken können, was sie nicht ist und somit, wo sie beginnt. Zunächst einmal kann es in der Wirklichkeit keine Bewegung geben. Bewegung ist relativ, sie hängt von Objekten, Raum und Zeit ab. Alles, dessen Existenz von etwas anderem abhängt, kann nicht real sein. Bewegung ist also nicht real, auch wenn sie in der physischen Welt geschieht.

Wenn wir uns Bewegung genauer anschauen, sehen wir, daß in der Schöpfung jede Struktur innerlich und äußerlich in Bewegung ist. Das Universum, das Sonnensystem, die Erde und alle Objekte auf der Erde einschließlich jener, die bewegungslos scheinen, bestehen aus Atomen, die sich mit ungeheuren Geschwindigkeiten bewegen. Es befindet sich tatsächlich alles in Bewegung – ist Bewegung. Deshalb ist nichts wirklich. Alles ist in jedem Augenblick wieder anders. Nichts besitzt eine reale, individuelle Existenz, außer vielleicht der primärsten, alles umfassenden „Struktur": dem Leben an sich. Die Kernphysiker haben diese „Abwesenheit von Realität" nachgewiesen. Sie fanden heraus, daß Position und Geschwindigkeit eines Objektes nicht im gleichen Augenblick bestimmt werden können. Stellt man die Geschwindigkeit fest, kann man die Position nicht fixieren und umgekehrt. Wir leben also in einer tatsächlich physisch existierenden und nicht in einer wirklichen Welt.

Was ist nun aber das einzig Wirkliche in der Welt? Was ist die Essenz und Totalität des Lebens, das erschafft, verzögert und alle Probleme löst, alle Möglichkeiten enthält und doch das Faktum des Augenblicks selektiert – und sich nie bewegt? Aktion. Wirklichkeit tritt in der Welt als Aktion in Erscheinung. Diese Welt, die physisch existierende Welt, endet mit Aktion.

Unsere physische Welt entsteht durch Aktion plus Bewegung. Nehmen wir einmal die Bewegung weg, können wir sehen, was Aktion wirklich ist. Bewegung ist die Differenz zwischen Zeit und Position. Zeit ist eine Abfolge; Position ist Raum plus Objekt. Bewegung ist also Abfolge plus Raum plus Objekt. Wenn Sie diese drei wegnehmen, muß das, was übrigbleibt, „Aktion" sein, das Signifikante der Bewegung.

Was bleibt von unserer Welt übrig, wenn man Zeit, Raum und alle Objekte entfernt? Nichts. Doch, etwas bleibt – der Beobachter. Es wäre also richtiger zu sagen, daß die physische Existenz verschwindet. Ganz gleich, was Sie entfernen – Sie sind immer da. Der Beobachter ist demnach die Aktion.

Um die Bedeutung all dessen zu begreifen, müssen wir untersuchen, was der Beobachter ist. In Bezug zur Welt der physischen Erscheinungen ist der Beobachter wie ein Nichts. Die Wirklichkeit beginnt also mit dem Verständnis des Nichts.

Ich sagte, daß der Beobachter Aktion ist. Um herauszufinden, was das bedeutet, müssen wir die existierende physische Welt wieder ins Spiel bringen und schauen, was sich zwischen der Welt und dem Beobachter ereignet. Damit der Beobachter „wie ein Nichts“ bleibt, muß, was geschieht, drei Bedingungen erfüllen: Es muß bewegungslos sein. Es muß sich außerhalb der Zeit befinden, das heißt unmittelbar im Augenblick. Und um wahr zu sein, müssen Sie es erfahren können. Was geschieht, ist Wahrnehmung. Wahrnehmung ist zeitlose und bewegungslose Aktion. Doch was ist mit dem Beobachter oder dem Wahrnehmenden? Es gibt keinen. Es gibt nur Wahrnehmung. In dieser Wirklichkeit gibt es keinen Wahrnehmenden, kein individuelles „Ich“ wie unser Verstand es kennt. In Wirklichkeit sind Sie diese zeitlose, unsterbliche, bewußte, bewegungslose Aktion – so wie Sie jetzt sind, wenn Sie einfach nur wahrnehmen und sein könnten.

Wenn Sie als beobachtendes oder wahrnehmendes Individuum eine tatsächlich physische Existenz wollen, müssen Sie in der Welt des Denkens und Träumens leben. Wie alles andere in dieser Welt ist Denken Bewegung. Wenn Sie denken, findet die Bewegung im Gedächtnis statt – als Auswertung, Beurteilung, Sich-Aneignen, Sich-Sorgen, Benennen und all jene anderen Vorgänge, die Sie von dem Moment fernhalten, wo *die Wirklichkeit abläuft*. Das Gedächtnis ist, wie wir gesehen haben, der Ort, an dem wir beim Schlafen träumen, und Denken ist nichts anderes als Träumen im Wachzustand. Beim Denken sind wir der physischen Aktualität näher, beim Schlafen der tatsächlichen Wirklichkeit. Da das Gedächtnis aus der physischen Aktualität hervorgeht, muß diese aus der Wirklichkeit kommen. Mit anderen Worten muß die Wirklichkeit diese physisch existierende Welt begründen. Sie muß jetzt hier sein, wenn man sie wahrnehmen kann. Durch ihre Lage hinter der äußeren Erscheinung und der Bewegung jedoch ist sie äußerst subtil, und ihre Bedeutung liegt jenseits unseres Begriffsvermögens der Wahrnehmung durch die Sinne.

Die Wirklichkeit existiert in Ihrem Kopf. Aber Sie können nie wissen, was sie ist, weil Sie Ihre physischen Sinne nur benutzen, um zu wissen, daß Sie einen Kopf haben.

Ihr Kopf und die gesamte mit den Sinnen wahrgenommene Welt befindet sich innerhalb der Wirklichkeit – in Ihnen –, aber sie besitzt keine reale Existenz. Es ist nur die physische Aktualität unserer Welt der Aktion und Bewegung, welche die Sinne wahrnehmen. Es gibt keine wirkliche äußere Welt, nur eine Erscheinung davon – die physisch existierende Welt. Jede Welt oder jedes Umfeld einschließlich des physischen Körpers und der Traumwelt des Gedächtnisses befindet sich innerhalb der Wahrnehmung selbst – und das sind Sie, gereinigt von allem Wollen und Streben.

Die Wahrnehmung in diesem Augenblick ist ein Wiedererschaffen Ihrer Umgebung in Ihrem Kopf, und zwar aus den Informationen, die Ihre Sinne als Nervensignale empfangen. Keine Signale, keine physische Erfahrung: Das hieße Bewußtlosigkeit oder Tod.

Bewußtlosigkeit, ganz gleich, durch was sie hervorgerufen wurde, ist eine Antwort auf ein Signal oder einen Befehl der inneren Wirklichkeit. Signale aus dieser Realität werden durch Impulse von „Antimaterie" übertragen (lassen Sie jetzt nicht zu, daß der Verstand sich einmischt und Fragen aufwirft. Lesen Sie weiter). Diese Impulse sind Potentiale oder Möglichkeiten und treten auf zwei Arten in Erscheinung. Einer steigt aus der Realität auf und berührt Ihr Gedächtnis (die Traumwelt). Dort ruft er jenes gespeicherte Konzept wach, das seiner wirklichen Bedeutung am nächsten kommt. Oder: ein Impuls gelangt direkt in die Welt, in die physische Aktualität, indem er sich mit Hilfe Ihrer Wahrnehmung als Ihre Aufmerksamkeit nach außen bewegt. Sie trifft auf ein Objekt oder eine Beziehung in der physischen Welt und prallt dann als assoziierte Idee in Ihr Gedächtnis zurück.

Aktualität tatsächlicher Existenz ist die Welt der physischen Form.

Wirklichkeit ist die Welt der wahrnehmenden Raum-Energie. Alle dazwischenliegenden Welten sind eine Mischung dieser beiden.

Die physische Aktualität ist die Welt des Körpers, nicht des Verstandes. Die Wirklichkeit sollte als harmonische Verbindung von Aktion und reiner Wahrnehmung direkt in die physisch aktuelle Welt hineinstrahlen. Nur kann sie das nicht, solange der Verstand des Menschen wie ein schmutziges Fenster im Weg steht. Der Verstand ist das korrumpierende Element, welches die reine Wahrnehmung trübt und eine intervenierende Welt von Disharmonien schafft. Er ist die Fessel, mit welcher der Mensch gebunden ist. Und doch ist der Verstand die „Staffelei", auf welcher der Bezugsrahmen des Menschen steht, und nur über den Verstand kann der Mensch jenen Punkt erreichen, von dem aus er beginnen kann, über ihn hinauszugehen.

Die physisch aktuelle Welt geht aus zwei Fakten hervor: Raum und Wahrnehmung. Reine Wahrnehmung und unverfälschter Raum zusammen ergeben die Erfahrung der Wirklichkeit im gegenwärtigen Moment, falls dieser wahrgenommen werden kann.

Die Verfälschung des Raumes ist Form; also besteht die Wirklichkeit aus formlosem Raum. Sie enthält als eine unausgedrückte Energie die tatsächliche physische Welt und alles, was jemals in ihr erscheinen wird, zusammen mit all den weniger geformten Welten in einer Einheit von Willen, Wissen und Sein. Das ist das Sein der Wirklichkeit, ein Sein, untrennbar von der reinen Wahrnehmung, die jetzt erfahren werden kann.

Mit anderen Worten ist reine Wahrnehmung in uns das wirkliche und einzige Sein, der allmächtige Gott oder wie immer Sie es nennen wollen.

Ich fasse noch einmal zusammen:

Die als physische Tatsache bestehende Existenz ist die äußere Erscheinungswelt (außerhalb unseres Kopfes).

Wirklichkeit befindet sich innerhalb des Kopfes, wo die Welt der physischen Erscheinung sich wirklich ereignet.

Unsere Sinneswahrnehmung berichtet uns von Raum und der Welt der Formen außerhalb des Kopfes. Sie ist ein wesentliches Teilstück von etwas unermeßlich Größerem – der reinen oder realen Wahrnehmung.

Die reine Wahrnehmung ist unser höchstes Potential. Sie ist der Welten erschaffende Punkt der Wirklichkeit.

Reine Wahrnehmung ist immer gleich: das reale Sein, beobachtend, bewegungslos, unbewegt, undefinierbar in seinem eigenen formalen Ausdruck seiner selbst.

In dem Maße, in dem unsere Wahrnehmung rein und unverfälscht ist, sind wir dieses unendliche, unerforschliche Sein.

Über den Autor

Anmerkung des Herausgebers

Im Jahre 1965 durchlebte Barry Long eine tiefe und schmerzhafte spirituelle Krise. Er lebte bei Almora in einem einsam gelegenen Felsbungalow, fünfzehnhundert Meter hoch. Der Ort wird Chilkapita genannt – Ort der hochfliegenden Vögel. Im Garten vor seiner Schreibmaschine sitzend hatte er begonnen, in Worte zu fassen, was er im Laufe der vergangenen sieben Jahre über sich selbst gelernt hatte. In diesem Zeitraum hatte ein spirituelles Erwachen sein Leben grundlegend verändert. Was war mit Barry Long geschehen, diesem ehrgeizigen und erfolgreichen Journalisten und Herausgeber einer Sonntagszeitung in Sydney? Mit dem Ehemann und Vater, der mit seiner Familie in einem schönen Villenvorort gewohnt hatte? Für jenen ernsten und alleinstehenden Mann in Almora, der still und schweigend auf der hohen Terrasse saß und beobachtete, wie die Vögel unterhalb von ihm vorbeiglitten, waren sie alle zu toten Persönlichkeiten geworden.

Sein Buch sollte von Meditation handeln und davon, was er als falsche Grundlage der menschlichen Natur erkannt hatte. Er wollte damit seine eigenen Beobachtungen artikulieren, es sollte ein „Handbuch zur Selbsterkenntnis" werden, das andere auf dem Weg der letzten Frage inspirieren könnte.

„Wer sind Sie?" begann er.

„Stellen Sie sich diese Frage, aber antworten Sie nicht. Ihre Antwort wird nur Ihre Meinung sein ..."

Nur sporadisch arbeitete er an seinem Buch, doch die ganze Zeit über nahmen der innere Druck, seine Verwirrung und Verzweiflung ständig zu. Dann, am elften November, kam der Augenblick der Wahrheit – sein mystischer Tod oder die Verwirklichung der Unsterblichkeit. In jenem „unsterblichen Augenblick" hatte er Teil an jener lebendigen Realität, die hinter allem stand, worüber er schrieb.

In den folgenden Wochen widmete er sich völlig dem Buch. Er nahm sogar mit einigen Verlegern in London Kontakt auf und beschrieb sein Projekt als ein Werk von großem spirituellem Wert für alle Menschen, die sich auf den Weg der Selbsterkenntnis begeben hatten. Ein Verleger antwortete und teilte ihm mit, daß die Herausgeber natürlich das Manuskript erst einmal sehen müßten.

Er hatte die Unsterblichkeit erfahren. Plötzlich war ihm klar, daß es keinen Grund mehr für ihn gab, in Indien zu bleiben. Warum also das Buch nicht selbst zum Verleger bringen? Er hatte gerade noch genug Geld für die Überfahrt, und so schiffte er sich von Bombay aus mit dem Manuskript in der Tasche ein. Als er im März in London ankam, legte sich ein grauer Nebel über seine Pläne. Er suchte den Verleger auf, der ihn höflich an einen Agenten weiterempfahl. Damals war der Markt für spirituelle Literatur wesentlich kleiner als heute. Es gelang dem Agenten nicht, das, was damals noch eine Sammlung von Schriften und ein überarbeitetes Manuskript war, zudem von einem Mann geschrieben, der verrückt nach Gott oder möglicherweise einfach nur verrückt war, zu verkaufen.

Offensichtlich würde das Manuskript Barry Long kein Vermögen einbringen, also wurde es beiseite gelegt, und er begann, als Sub-Herausgeber bei einer Londoner Abendzeitung (der London Evening News) zu arbeiten. Zwei Jahre später lernte er in der Redaktion dieser Zeitung einen jungen Mann kennen, der starkes Interesse an der Wahrheit und einem spirituellen Leben zeigte. Dieser Freund, sein erster Schüler, brachte andere Menschen zu Barry Long und arrangierte eine Reihe von Zusammenkünften. Barry Long wurde zum Lehrer.

Im November 1968 erreichte er eine neue Schwelle der Selbsterkenntnis. Durch den Kontakt mit den sich um ihn versammelnden Schülern ausgelöst, führte der intensive Druck seines spirituellen Prozesses zu seiner transzendentalen Verwirklichung. In den Wochen unmittelbar vor und nach dieser Realisation schrieb er seine Beobachtungen nieder, denn er wollte die neue spirituelle Verwirklichung sowohl für sich selbst als auch für den kleinen Kreis seiner Schüler artikulieren. Sein Freund von der Zeitung sammelte diese verschiedenen Schriften, ordnete sie zu separaten Manuskripten, schrieb sie mit der Schreibmaschine ab und druckte sie im Selbstverlag zusammen mit einem Transskript einiger Reden Barry Longs. Ende 1969 standen die Schriften gedruckt zur Verfügung und kursierten im engen Kreis seiner Schüler.

Erst im Jahre 1982 begann Barry Long, öffentlich zu lehren. Anfangs hielt er Meditations-Seminare ab. Dabei entstand das Bedürfnis nach Hintergrundmaterial, und so wurden die im Selbstverlag gedruckten Manuskripte wiederentdeckt. Zwei von ihnen wurden vom Barry-Long-Center in London überarbeitet und herausgegeben. Das eine handelte von Meditation, das andere trug den Titel *„Knowing Yourself“* (Erkenne dich selbst).

Diese erste Ausgabe von *„Knowing Yourself“* enthielt jenes Material, das Barry Long um den Zeitpunkt seiner Realisation der Unsterblichkeit zwischen November 1965 und Februar 1966 niedergeschrieben hatte. Außerdem waren einige Epigramme hinzugefügt worden. Diese jetzt vorliegende zweite Ausgabe enthält den gleichen Text ohne die Epigramme, jedoch mit einigen Überarbeitungen und Material aus dem Originalmanuskript, das in der ersten Ausgabe nicht enthalten war. Das Kapitel „Überpersönliche Liebe“ ist Notizen entnommen worden, die Barry Long 1969 niederschrieb, und im vierten und fünften Kapitel des Buches wird zum erstenmal das Material veröffentlicht, das zwischen November 1968 und Februar 1969 in der Hitze der transzendentalen Verwirklichung entstand. All diese Schriften wurden neu geordnet und redigiert. Auf Barry Longs Anweisung hin sind einige Begriffe und Ausdrücke herausgenommen oder verändert worden, um das Verständnis der Texte zu erleichtern. Die vorliegende Ausgabe faßt somit die keimhaften Schriften, die mit den frühen spirituellen Verwirklichungserfahrungen verbunden sind, zusammen und ergänzt zwei andere Werke aus der gleichen Periode: „*Meditation A Foundation Course*" und „*Wisdom and Where To Find It*" (ein Transskript jener Treffen im Jahre 1968).

Es sind nunmehr dreißig Jahre vergangen, seit Barry Long im Garten von Chilkapita saß. Die Verfeinerung und Aktualisierung seiner Verwirklichung setzte sich natürlich Tag für Tag fort, und dadurch, daß er seine Wahrheit schon so viele Jahren lebt, konnte er seine Erleuchtung vielen Menschen in drei Kontinenten nahebringen. Doch in diesem Buch finden Sie seine ursprüngliche Lehre ausgedrückt – sein einzigartiges Geschenk an uns, aus der Unmittelbarkeit des Augenblicks.